문화문고 004

인성 · 감성 · 지성의

한자 한문 전통교재

사자소학 추구 천자문 계몽편 명심보감 동몽선습 격몽요결

조수익 이성민 공역

傳統文化研究會

인성·감성·지성의
문화문고 **한자 한문 전통교재** 정가 18,000원

2012년 05월 10일 초판 발행
2025년 11월 30일 초판 4쇄

엮 음 조수익 이성민
기 획 이계황
편 집 남현희
출 판 권영순
장 정 이화춘
관 리 함명숙

발행인 김 현
발행처 (사)전통문화연구회
서울 종로구 삼봉로 81 두산위브파빌리온 1332호
전화 : 02-762-8401 전송 : 02-747-0083
사이버書堂 : cyberseodang.or.kr
온라인서당 : book.cyberseodang.or.kr
전자우편 : juntong@juntong.or.kr

등 록 : 1989. 7. 3. 제1-936호
총 판 : 한국출판협동조합(070-7119-1750)

ISBN 978-89-91720-73-2 04710
978-89-91720-76-3 (세트)

간행사

종이책을 내는 사람들은 어느 정도 실적이 쌓이면 그 분야의 문고 계획을 세워보았을 것이다. 그 뜻은 교양과 지식의 저변을 확대하고 대중화하여야만 대체로 출판의 2차적 목적을 성취할 수 있기 때문이다.

필자는 민족문화추진회에서 오래전에 한국고전문고를 간행하면서 '고전읽기운동'을 전개하여 100만 건 이상의 독후감을 심사 · 시상한 일이 있었다. 그 후에는 동양고전과 인물을 폭넓게 문고화하려는 계획을 세웠으나 집필자와 재정 문제로 사장되었다.

그런데 세계는 각계의 교류가 긴밀히 이투어지면서 하나로 되는 상황에 이르러, 우리 국민의 역사 · 문화 의식이 한국에서 동양으로, 또 세계로 지향해야 하는 시급한 시대가 다가왔다.

그러나 세계로의 지향이 서구화의 다른 이름이고 우리로서는 허상일 수 있음을 주의하여야겠지만, 우리와 동양의 자주성과 자존의 아집도 경계하여 새로운 그 무엇을 그려내야 할 것이다. 이를 위해서는 일차적으로 한韓 · 중中 · 일日 삼국정립三國鼎立을 통하여 치욕의 역사에서 벗어나 안정과 발전의 기반을 마련해야 할 것이다.

본회는 이러한 상황에서 일차적인 준비로 '동양문화총서'를 몇 권 간행한 바가 있었으나, 본 계획의 충실을 기하기 위해서는 한 손에 연구와 다른 한 손에 보급이라는 과제를 좀 더 확실히 해결하지 않으면 안 된다. 앞으로 국민의 전체적인 수준 향상을 위하여 필독서인 '사서四書'의 문고화를 시작으로, 우리와 동양에서부터 서양의 고전과 인물과 문화에 관한 '문화문고' 간행의 출발점으로 삼고자 하는 것이다.

대체로 문고는 연구서에 비하면 2차적 작품이므로 주석 등을 본문에 녹여서 독자가 읽어서 이해되도록 하려고 한다. 그러나 특수한 분야나 전문적인 것도 필요한 것이다. 또한 시대에 부응하여 편리하며 염가로 읽힐 수 있는 '전자출판'도 겸행할 예정이다.

구미歐美의 유명한 문고본이 끼친 세계 문화적 영향이나, 이웃 일본의 교양과 지식이 이와나미문고岩波文庫에서 나왔다는 사실을 기억하여야겠다. 우리나라의 문고본은 그간 부침浮沈이 있었으나, 여러 분의 서가에도 상당수 있듯이 그 공헌은 인정하지 않을 수 없다. 앞으로 우리는 '동양고전국역사업'과 함께 통섭적統攝的 방법으로, 국가경쟁력을 키우고 문예부흥을 개막하는 계획의 꿈도 이루기 위하여 지혜를 모아 헌신할 것을 다짐하며, 이에 각계의 관심과 지원을 기대한다.

2011. 10. 1.

전통문화연구회 회장 이계황

이 책에 대하여

본서는 ≪사자소학四字小學≫, ≪추구推句≫, ≪천자문千字文≫, ≪계몽편啓蒙篇≫, ≪명심보감明心寶鑑≫, ≪동몽선습童蒙先習≫, ≪격몽요결擊蒙要訣≫ 등 전통적으로 가장 널리 이용되었던 대표적인 기초한문 교재를 한 책으로 묶은 것이다.

이 일곱 가지 교재는 오늘날에도 어린이와 청소년들에게 필요한 한자漢字나 한문漢文에 대한 기초지식 습득은 물론이요, 더 나아가 개인의 정서 함양과 인성 및 인격 완성, 지식 습득에도 많은 도움이 되는 책이다.

이는 오늘날 유아와 초등 교육에서 배우기 어려운 생활예절이나 인성교육에 대한 다양하고 유익한 내용을 담고 있다.

≪사자소학四字小學≫은 유가儒家의 경전經典을 비롯한 여러 서적에서 어린이가 꼭 알아야 할 기본예절과 생활태도 등에 대한 내용을 뽑아 엮은 책으로, 어린이들에게 한자와 한문을 가르치기 위한 기초 중의 기초 한문 학습서라 할 수 있다.

제목을 '사자소학'이라 한 것은 송나라 때 주희朱熹가 엮은 ≪소학小學≫의 정신을 계승하고 4자 1구의 형식으로 엮었기 때문이다. 여러 필사본이 전해지며, 저자와 저작 연대는 미상이나 조선 말기에 간행된 것으로 추정된다.

이 책에는 부모와 자식, 임금과 신하, 남편과 아내, 형과 아우, 스승과 제자, 어른과 아이, 친구와 친구 사이의 바람직한 인간관계상이 제시되어 있고, 인仁·의義·예禮·지智를 비롯한 삼강三綱, 오륜五倫, 사물四勿, 구용九容, 구사九思 등 일상의 생활규범과 생활철학 등이 주요 내용이다.

대부분 올바른 가치관 형성과 삶의 길잡이 역할을 하는 내용으로 구성되어 있어, 오늘을 살고 있는 우리에게도 많은 가르침을 주고 있다.

≪추구推句≫는 다섯 글자로 된 역대의 한시漢詩에서 유명한 구절을 대구對句로 뽑아서 엮었기 때문에 '추구抽句'라고도 한다. 이 책은 어린이들에게 한자와 한시의 기초를 가르치기 위해 엮은 학습서이다. 여러 필사본이 전해지며, 저자와 저작 연대는 미상이나 조선 말기에 간행된 것으로 추정된다.

다섯 글자에 불과한 한 구절 한 구절마다 사람의 감성과 정서를 함양시키고, 사고력과 상상력을 자극하는 내용으로 가득 채워져 있다. 예컨대 "개가 달려가니 매화꽃 떨어지고, 닭이 지나가니 댓잎 만들어지네.[狗走梅花落, 鷄行竹葉成]" 하는 구절이 있다. 눈이 소복이 쌓인 마당에 점점이 찍혀 있는 개와 닭의 발자국으로 멋진 설경雪景을 그려낸 것이다. 시인의 상상력은 여기에 머물지 않고, 개의 발자국에서 다시 매화의 꽃잎으로, 닭의 발자국에서 다시 대나무의 잎으로 더욱 확장되고 있다. 기발한 상상력과 간결한

언어 표현이 멋들어지게 조화된 구절이라 하겠다.

≪천자문千字文≫은 전통적으로 어린이들이 말을 깨우치면서 만나게 되는 가장 대표적인 학습서였으며, 어린 시절부터 반복하여 익힘으로써 어린이들의 사고 체계를 형성하는 밑거름이 되기도 한 책이다.

저자는 6세기 무렵 중국의 남조南朝 양梁나라 주흥사周興嗣(470?~521)이다. 네 글자로 된 고시古詩 250구 1,000자로 구성되어 있는데, 이 1,000자는 한 글자도 중복되지 않았다. 그래서 '천자문千字文'이라고 하는 것이다. 황제의 명을 받은 주흥사는 이 책을 지으면서 얼마나 공력功力을 들였던지 책을 완성하자 갑자기 머리가 세었다고 한다. 그래서 '백수문白首文' 또는 '백두문白頭文'이라고도 한다.

≪천자문≫이 언제 우리나라에 전해졌는지는 확실하지 않으나, 백제百濟의 왕인王仁이 ≪논어論語≫ 10권과 ≪천자문≫ 1권을 일본日本에 전했다는 기록으로 보아, 이보다 훨씬 전에 유입된 것으로 추정할 수 있다. 그 뒤 ≪천자문≫은 한자와 한문 입문서入門書와 초학 습자본習字本으로 그 자리를 확고하게 지켜왔다.

≪계몽편啓蒙篇≫은 제목 그대로 어린이[蒙]를 계도啓導하는 책이다. '몽蒙'자는 '어리다' 또는 '어리석다'는 뜻이다. 아직 어려 경험과 지식이 부족하여 어리석은 것이다. 이 어리석음을 깨우치기 위한 의도로 엮은 것이 이 책이다.

이 책은 네 글자나 다섯 글자로 된 ≪사자소학≫, ≪추구≫에서 한 걸음 더 나아가 기초적인 한문 문장을 가르치기 위한 학습서이다. 비교적 짧은 문장으로 구성하여, 어린이들이 큰 부담을 느끼지 않고 한문을 쉽게 익힐 수 있도록 하였다. 저자와 저작 연대는 미상이다.

그 내용은 머리말에 해당하는 〈수편首篇〉, 천문天文과 시간의 변화를 설명하는 〈천편天篇〉, 지리地理와 자연현상에 대해 설명하는 〈지편地篇〉, 동식물과 도량형과 셈법 등을 설명하는 〈물편物篇〉, 사람과 사람의 관계에서 꼭 지켜야 할 규범과 자세를 설명하는 〈인편人篇〉의 5편으로 구성되어 있다.

≪명심보감明心寶鑑≫은 '마음을 밝혀주는 보배로운 거울'이란 제목의 뜻처럼, 흐트러진 마음을 추스르고 타고난 순수한 마음을 회복시켜 주는 격언格言들을 뽑아서 엮은 책이다. 내용이 쉬우면서도 촌철살인寸鐵殺人의 날카로운 경구警句들은 읽는 이에게 큰 공명共鳴을 일으켜, 어린이는 물론 어른들에게도 매우 유익한 책이다. 오늘날에도 한자교육과 기초한문의 대표서로 ≪명심보감≫을 떠올리곤 하는 것은 이 때문이다.

이 책에는 유가儒家의 가르침뿐만 아니라, 노자老子나 장자莊子 등의 도가道家와 불가佛家의 말로 짐작되는 내용도 상당수 들어 있고, 중국의 아동 학습서인 ≪명현집明賢集≫, ≪삼자경三字經≫, ≪증광현문增廣賢文≫ 등 여러 서적에서 감명을 주는 글을 뽑아 실었다. 그만큼 이 책의 편자는 사상적으로도 어느 한편에 편향되지 않고 개방적인 태도를 취했음을 짐작할 수 있다.

이 책의 저자는 고려 말기의 추적秋適으로 알려져 있었으나, 명나라 초기의 범입본范立本이라는 설이 더욱 설득력이 있다. 범입본의 초고가 우리나라에 들어온 뒤 원전에 있던 내용이 삭제되기도 하고, 없던 내용이 보충되기도 하여, 현재 판본도 여러 가지가 전해지고 있다.

≪동몽선습童蒙先習≫은 어린이 교육을 위해 체계를 갖추어 저술한 우리나라 최초의 교과서敎科書로, 문자를 아는 사람이면 이 책을 읽지 않은 사람이 없을 정도로 널리 읽혀졌던 책이다. 조선 현종 이후에는 왕세자 교육에도 필독서로 상례화하였으며, 이 책의 중요성을 인식한 영조는 교서관校書館에서 발간하여 널리 보급하도록 지시하고 친히 서문序文을 짓기도 하였다.

이 책은 조선 성종과 명종 연간의 학자인 소요당逍遙堂 박세무朴世茂(1487~1564)가 지은 것이다. 민제인閔齊仁이나 김안국金安國, 어숙권魚叔權이 지었다는 설도 있으나, 박세무가 지었다는 것이 정설로 받아들여지고 있다.

이 책의 체재는 머리말에 해당하는 〈수편首篇〉, 부모와 자식의 관계를 규정한 〈부자유친父子有親〉, 임금과 신하의 관계를 규정한 〈군신유의君臣有義〉, 남편과 아내의 관계를 규정한 〈부부유별夫婦有別〉, 어른과 어린이의 관계를 규정한 〈장유유서長幼有序〉, 친구 사이의 관계를 규정한 〈붕우유신朋友有信〉, 한국과 중국의 역사를 약술한 〈총론總論〉으로 구성되어 있다. 그리고 영조의 어제

서문御製序文과 송시열宋時烈의 발문跋文이 함께 실려 있다.

≪격몽요결擊蒙要訣≫은 율곡栗谷 이이李珥가 42세(1577, 선조 10) 때 해주海州의 석담石潭에서 학생들을 가르친 경험을 바탕으로 학문을 시작하는 이들을 가르치기 위해 편찬한 입문서入門書이다. '격몽擊蒙'이란 '어리석음을 깨우친다.'는 뜻이다.

이 책은 학문學問을 하는 기본자세와 일상생활의 기본예절을 다루고 있으며, 모두 10장으로 구성되어 있다.

먼저 〈입지장立志章〉에서는 학문을 하는 사람은 반드시 성현聖賢이 되는 것을 목표로 삼아 의지를 굳게 세워야 한다고 하였고, 〈혁구습장革舊習章〉에서는 학문 성취를 방해하는 여덟 가지 구습舊習을 혁신해야 한다고 하였고, 〈지신장持身章〉에서는 몸가짐을 바르게 하는 방법을 제시하였고, 〈독서장讀書章〉에서는 올바른 독서의 자세와 방법을 제시하였고, 〈사친장事親章〉에서는 부모를 섬기는 도리에 대해 논하였고, 〈상제장喪制章〉에서는 상례喪禮에 대해 논하였고, 〈제례장祭禮章〉에서는 제례에 대해 논하였고, 〈거가장居家章〉에서는 가족간의 관계를 비롯하여 집안을 다스리는 방법에 대해 논하였고, 〈접인장接人章〉에서는 생활하면서 관계를 가지는 사람을 대하는 예법禮法과 방법에 대해 논하였으며, 마지막 〈처세장處世章〉에서는 벼슬에 임하는 자세에 대해 논하였다.

일러두기

1. 본서는 동서양東西洋의 중요한 고전古典, 인물人物, 문화文化에 관한 모든 국민의 교양도서로, 특히 청소년들의 미래 한국의 양식良識 기반을 구축하기 위한 문화문고文化文庫이다.
2. 본서의 번역은 원의原義에 충실하게 하되, 번역의 현대성現代性을 구현하여 고전을 대중화大衆化하는 데 노력하였다.
3. 본서는 청소년과 일반인의 교양을 증진시키기 위해 쉽게 번역하였다. 이를 위해 본회에서 간행한 기초한문교재基礎漢文敎材와 교수용지도서敎授用指導書의 ≪사자소학四字小學≫, ≪추구推句≫, ≪천자문千字文≫, ≪계몽편啓蒙篇≫, ≪명심보감明心寶鑑≫, ≪동몽선습童蒙先習≫, ≪격몽요결擊蒙要訣≫ 등 여러 번역본을 참고하였다.
4. 이해가 어려운 부분은 가급적 의역意譯 또는 보충역을 함으로써 주석註釋은 최소화하였다. 간단한 주석은 ( ) 안에, 긴 주석은 해당 장章 아래 ＊에 달았다.
5. 독자의 문장 이해를 위하여 한자漢字를 병기倂記하였다.
6. 시詩와 명구名句, 격언格言 등의 인성교육적인 부분은 원문原文을 함께 실었다.

7. 원전이 현대에 맞지 않는 내용의 일부와 ≪동몽선습童蒙先習≫에서 중국의 역사는 생략하고, 현대인들이 공감할 수 없는 일부의 전통적 관습과 사상 등은 그 시대의 상황이므로 그 원뜻을 비교 · 참고하도록 그대로 두었다.

8. 본서에 사용된 주요 부호符號는 다음과 같다.

“ ” : 대화, 인용	≪ ≫ : 서명書名
‘ ’ : 재인용, 강조	〈 〉 : 편장명篇章名, 작품명作品名
( ) : 간단한 주석註釋	[ ] : 관용구慣用句, 보충 원문原文
* : 주석	

목 차

명심보감 明心寶鑑 / 89

동몽선습 童蒙先習 / 177

격몽요결 擊蒙要訣 / 197

사자소학 四字小學

아버님 나를 낳으시고, 父生我身
어머님 나를 기르시며, 母鞠我身
배로써 나를 품어주시고, 腹以懷我
젖으로 나를 먹여주셨네. 乳以哺我

따뜻이 나에게 옷 입혀주시고, 以衣溫我
밥으로 나를 배부르게 하셨으니, 以食飽我
은혜恩惠는 하늘처럼 높고, 恩高如天
은덕恩德은 땅처럼 두텁네. 德厚似地

사람의 자식子息 되어, 爲人子者
어찌 효도孝道하지 않으랴? 曷不爲孝
부모父母님 그 은덕 갚고자 하는데, 欲報其德
하늘처럼 끝이 없네. 昊天罔極

새벽에 먼저 일어나, 晨必先起
세수洗手하고 이를 닦고, 必盥必漱
저녁엔 잠자리 보살피고 새벽엔 문안問安 올리며, 昏定晨省
겨울엔 따뜻하게 여름엔 시원하게 해드리네. 冬溫夏凊

부모님께서 나를 부르시면, 父母呼我
빨리 대답對答한 후 달려가고, 唯而趨進

부모님께서 나에게 일 시키시면, 父母使我
거스르거나 게으름 피지 말아야 하네. 勿逆勿怠

부모님께서 말씀하시면, 父母有命
머리 숙여 공손恭遜히 듣고, 俯首敬聽
앉아서 말씀하시면 앉아서 듣고, 坐命坐聽
서서 말씀하시면 서서 듣네. 立命立聽

부모님께서 드나드실 때면, 父母出入
항상 일어나 인사人事하고, 每必起立
부모님의 의복衣服을, 父母衣服
넘어 다니거나 밟지 말아야 하네. 勿踰勿踐

부모님께서 편찮으시면, 父母有疾
근심하며 정성精誠껏 치료治療하고, 憂而謀瘳
밥상을 대하고서 진지 잡수시지 않으시면, 對案不食
맛있는 음식飮食 해드릴 생각하네. 思得良饌

외출外出할 땐 반드시 말씀드리고, 出必告之
돌아와서는 뵈어야 하며, 反必面之
부디 멀리 가서 놀지 말며, 愼勿遠遊
놀더라도 일정一定한 곳에 있어야 하네. 遊必有方

문을 드나들면서, 出入門戶
반드시 공손恭遜히 여닫아야 하며, 開閉必恭
문지방 한가운데 서지 말고, 勿立門中
방 한가운데 앉지 말아야 하네. 勿坐房中

길 가면서 거만倨慢하게 걷지 말고, 行勿慢步
앉을 때 기대지 말며, 坐勿倚身
입으로 쓸데없는 잡담雜談하지 말고, 口勿雜談
손으로 허튼 장난치지 말아야 하네. 手勿雜戲

부모님 무릎 앞에 앉지 말고, 膝前勿坐
얼굴 빤히 쳐다보지 말며, 親面勿仰
크게 소리 내어 웃지 말고, 須勿放笑
큰소리로 이야기하지도 말아야 하네. 亦勿高聲

부모님 모신 자리에서는, 侍坐父母
성내어 다른 사람 꾸짖지 말고, 勿怒責人
부모님 모신 자리 앞에서는, 侍坐親前
걸터앉거나 드러눕지 말아야 하네. 勿踞勿臥

부모님께 물건物件 드릴 때는, 獻物父母
무릎 꿇고 드려야 하고, 跪而進之

나에게 음식飮食을 주시거든, 與我飮食
꿇어앉아 받아야 하네. 跪而受之

그릇에 음식이 있어도, 器有飮食
주시지 않으면 먹지 말고, 不與勿食
맛있는 음식 생기면, 若得美味
가지고 돌아가 부모님께 드리네. 歸獻父母

좋지 않은 의복衣服이라도, 衣服雖惡
부모님께서 주시면 고맙게 입고, 與之必著
먹기 싫은 음식이라도, 飮食雖厭
부모님께서 주시면 감사感謝히 먹네. 與之必食

부모님 옷이 없으시면, 父母無衣
나 입을 것 생각하지 말고, 勿思我衣
부모님 음식이 없으시면, 父母無食
나 먹을 것 생각하지 말아야 하네. 勿思我食

몸뚱이와 머리털과 피부皮膚를, 身體髮膚
훼손毁損하거나 상하게 하지 말고, 勿毁勿傷
의복과 허리띠와 신발을, 衣服帶靴
잃어버리거나 찢어지게 하지 말아야 하네. 勿失勿裂

부모님 나를 사랑하시면, 父母愛之
기뻐하며 잊지 말하고, 喜而勿忘
부모님 나를 꾸짖으시면, 父母責之
반성反省하고 원망怨望하지 말아야 하네. 反省勿怨

높은 나무에 오르지 말라, 勿登高樹
부모님 근심하시네. 父母憂之
깊은 물에서 수영水泳하지 말라, 勿泳深淵
부모님 염려念慮하시네. 父母念之
남과 싸우지 말라, 勿與人鬪
부모님 불안不安해하시네. 父母不安

방房 안에 먼지 쌓이면, 室堂有塵
늘 물 뿌리고 청소淸掃하네. 常必灑掃
일은 반드시 여쭈어 행하고, 事必稟行
제멋대로 하지 말며, 無敢自專
한 번 부모님 속이면, 一欺父母
그 죄 산山처럼 크다네. 其罪如山

눈 속에서 죽순竹筍 찾은, 雪裏求筍
오吳나라 맹종孟宗의 효도孝道요, 孟宗之孝
얼음 뚫고 잉어 나왔으니, 剖氷得鯉

서진西晉 왕상王祥의 효도라네. 王祥之孝

맹종孟宗이 한겨울에 어머니를 위해 대나무밭에서 울자 죽순이 나왔음

내가 어질면, 我身能賢
그 명예名譽 부모님께 돌아가고, 譽及父母
내가 어질지 못하면, 我身不賢
그 치욕恥辱 부모님께 미치네. 辱及父母

조상祖上 추모追慕하고 근본根本 보답報答해서, 追遠報本

정성精誠껏 제사祭祀 지내야 하니, 祭祀必誠
선조先祖님 안 계셨으면, 非有先祖
내 몸이 어디서 생겼으랴! 我身曷生

이렇게 어버이 섬기면, 事親如此
효자孝子라 할 만하고, 可謂孝矣
이렇게 하지 못하면, 不能如此
금수禽獸와 다름없네. 禽獸無異

학문學問이 넉넉하면 벼슬하여, 學優則仕
나라 위해 충성忠誠 다하고, 爲國盡忠
공경恭敬하여 믿음 주고 절약節約하며, 敬信節用
백성百姓을 자식子息처럼 사랑하네. 愛民如子

사람의 도리道理 가운데, 人倫之中
충성忠誠과 효도孝道가 근본이니, 忠孝爲本
효도에 힘을 다해야 하고, 孝當竭力
충성은 목숨 바쳐야 하네. 忠則盡命

부부夫婦의 윤리倫理는, 夫婦之倫
두 성씨姓氏가 합한 것이니, 二姓之合
내외內外의 구별區別 있어, 內外有別

손님처럼 서로 공경恭敬해야 하네. 相敬如賓

남편男便의 도道는 화평和平하고, 夫道和義
아내의 덕德은 유순柔順하여, 婦德柔順
남편이 솔선率先하고 아내가 따르면, 夫唱婦隨
집안의 도道 이루어지네. 家道成矣

형제兄弟와 자매姉妹는, 兄弟姉妹
같은 부모 기운氣運 받아 태어났으니, 同氣而生
형은 우애友愛하고 아우는 공손恭遜하여, 兄友弟恭
원망怨望하거나 성내지 말아야 하네. 不敢怨怒

뼈와 살은 나뉘었으나, 骨肉雖分
본래本來 한 기운에서 태어났고, 本生一氣
몸 모양模樣은 다르지만, 形體雖異
본래 한 핏줄 받았네. 素受一血

나무에 비유比喩하면, 比之於木
한 뿌리에 가지만 다르고, 同根異枝
물에다 비유하면, 比之於水
같은 근원根源에 갈래만 다른 것이네. 同源異流

형제兄弟는 화합和合하여, 兄弟怡怡
기러기 떼처럼 나란히 길을 가고, 行則雁行
한 이불 덮고 나란히 잠을 자며, 寢則連衾
한 밥상에서 함께 밥을 먹네. 食則同牀

한漢나라 때 강굉姜肱은 형제들과 우애가 깊어 결혼한 뒤에도 한 이불을 덮고 잤다고 함

나누면서 많이 차지하려 하지 말고, 分毋求多
있고 없는 것 서로 통용通用해야지, 有無相通
옷과 음식飮食 독차지하면, 私其衣食

야만인野蠻人의 무리이네. 夷狄之徒

형에게 입을 옷 없으면, 兄無衣服
아우가 마련해 드려야 하고, 弟必獻之
아우에게 먹을 음식飮食 없으면, 弟無飮食
형이 마련해 주어야 하네. 兄必與之

한 잔盞의 물도, 一杯之水
반드시 나누어 마시고, 必分而飮
한 알의 밥이라도, 一粒之食
반드시 나누어 먹네. 必分而食

형이 내 잘못 꾸짖더라도, 兄雖責我
덤비거나 성내지 말아야 하고, 莫敢抗怒
아우에게 잘못이 있더라도, 弟雖有過
큰 소리로 꾸짖지 말아야 하네. 須勿聲責

형제간에 잘한 일이 있으면, 兄弟有善
밖에다 칭찬稱讚하여 드러내야 하고, 必譽于外
형제간에 잘못이 있으면, 兄弟有失
숨기어 드러내지 말아야 하네. 隱而勿揚

형제간에 어려운 일 있으면, 兄弟有難
근심하며 도와줄 생각하니, 悶而思救
형이 이렇게 하면, 兄能如此
아우도 형을 본받으리라. 弟亦效之

내게 기쁘고 즐거움 있으면, 我有歡樂
형제들도 즐거워하고, 兄弟亦樂
내게 근심 걱정 있으면, 我有憂患
형제들도 근심하네. 兄弟亦憂

다른 친척親戚 있다 해도, 雖有他親
어찌 형제만 하랴! 豈若兄弟
형제간에 화목和睦하면, 兄弟和睦
부모님 기뻐하시네. 父母喜之

스승님을 어버이처럼 섬겨, 事師如親
언제나 받들어 존경尊敬하고, 必恭必敬
선생님께서 가르치시면, 先生施教
제자弟子는 본받아야 하네. 弟子是則

아침 일찍 일어나고 밤 늦게 자며, 夙興夜寐
독서讀書를 게을리하지 말고, 勿懶讀書

부지런히 공부工夫에 힘쓰면, 勤勉工夫
부모님 기뻐하시네. 父母悅之

처음 글자를 배울 때, 始習文字
글자의 획劃을 바르게 쓰고, 字畫楷正
책冊이 흩어져 있으면, 書冊狼藉
그때그때 반드시 정돈整頓해야 하네. 每必整頓

내가 효도孝道하고 공경恭敬할 수 있음은, 能孝能悌
스승님의 은혜恩惠 아님 없고, 莫非師恩
지식知識 얻고 잘할 수 있음도, 能知能行
다 스승님의 공로功勞이네. 總是師功

어른은 어린이 사랑하고, 長者慈幼
어린이는 어른 공경하며, 幼者敬長
어른 앞에서, 長者之前
나아가고 물러갈 때는 언제나 공손해야 하네. 進退必恭

나보다 나이가 배倍가 많으면, 年長以倍
아버지처럼 받들고, 父以事之
나보다 열 살이 많으면, 十年以長
형처럼 섬겨야 하네. 兄以事之

내가 남의 부모 존경尊敬하면, 我敬人親
남도 우리 부모 존경하고, 人敬我親
내가 남의 형을 섬기면, 我敬人兄
남도 우리 형을 섬기네. 人敬我兄

손님이 찾아오면, 賓客來訪
정성精誠스럽게 접대해야 하니, 接待必誠
손님이 오지 않으면, 賓客不來
집안이 쓸쓸해지네. 門戶寂寞

사람이 세상世上을 살면서, 人之在世
친구親舊가 없을 수 없으니, 不可無友
글을 통해 벗을 모으고, 以文會友
벗을 통해 인仁을 돕네. 以友輔仁

바른 사람을 사귀면, 友其正人
나도 저절로 바르게 되고, 我亦自正
간사奸邪한 사람과 놀면, 從遊邪人
나도 저절로 간사해지네. 我亦自邪

쑥이 삼밭에서 자라면, 蓬生麻中
붙들어 매지 않아도 저절로 곧아지고, 不扶自直

흰 모래가 진흙에 있으면,	白沙在泥
물들이지 않아도 저절로 더러워지네.	不染自汚

먹을 가까이하면 검어지고,	近墨者黑
주사朱砂를 가까이하면 붉어지니,	近朱者赤
반드시 이웃을 가려 살고,	居必擇鄰
덕德 있는 사람에게 가서 배워야 하네.	就必有德

친구親舊를 가리어 사귀면,	擇而交之
도움과 유익有益함이 있고,	有所補益
친구를 가리지 않고 사귀면,	不擇而交
도리어 해害로움만 있네.	反有害矣

친구에게 잘못이 있으면,	朋友有過
충고忠告하여 선도善導해야 하니,	忠告善導
사람에게 꾸짖어주는 친구 없으면,	人無責友
나쁜 길로 빠지기 쉽다네.	易陷不義

얼굴을 맞대고 나의 선善을 칭찬하면,	面讚我善
아첨阿諂하는 사람이고,	諂諛之人
얼굴을 맞대고 나의 허물 꾸짖으면,	面責我過
강직剛直한 사람이네.	剛直之人

말이 미덥지 않으면, 言而不信
정직正直한 벗이 아니며, 非直之友
착한 일 보면 따르고, 見善從之
잘못을 알면 고쳐야 하네. 知過必改

남의 칭찬稱讚 좋아하는 사람은, 悅人讚者
온갖 일이 다 거짓이고, 百事皆僞
남의 꾸중 싫어하는 사람은, 厭人責者
행실行實에 진전이 없네. 其行無進

만물萬物의 시작始作, 자람, 이룸, 완성完成은, 元亨利貞
하늘의 법칙法則이며, 天道之常
어짊, 정의正義, 예의禮義, 지혜智慧는, 仁義禮智
사람 본성本性의 벼리이네. 人性之綱

아버지와 아들은 친親함이 있고, 父子有親
임금과 신하臣下는 의리義理가 있고, 君臣有義
남편男便과 아내는 분별分別이 있고, 夫婦有別
어른과 아이는 차례次例가 있으며, 長幼有序
친구親舊끼리는 믿음이 있으니, 朋友有信
이 다섯 가지 도리를 오륜五倫이라 하네. 是謂五倫

임금은 신하臣下의 벼리가 되고,	君爲臣綱
아버지는 자식子息의 벼리가 되며,	父爲子綱
남편男便은 아내의 벼리가 되니,	夫爲婦綱
이 세 가지 법도法度를 삼강三綱이라 하네.	是謂三綱
사람이 귀貴한 이유는,	人所以貴
이 오륜五倫과 삼강三綱이 있기 때문이네.	以其倫綱
발걸음은 신중愼重히 해야 하고,	足容必重
손놀림은 공손恭遜히 해야 하고,	手容必恭
눈동자는 정면正面을 향해야 하고,	目容必端
입 모양模樣은 다물어야 하며,	口容必止
목소리는 조용히 해야 하고,	聲容必靜
머리 모양은 바르게 해야 하며,	頭容必直
숨은 안정安靜되게 쉬어야 하고,	氣容必肅
서 있는 모양은 덕德스럽게 해야 하며,	立容必德
얼굴 모양은 씩씩하게 해야 하니,	色容必莊
이 아홉 가지 모습을 구용九容이라 하네.	是曰九容
볼 때는 명확明確히 보기를 생각해야 하고,	視必思明
들을 때는 귀 밝게 들을 것을 생각해야 하며,	聽必思聰
얼굴빛은 온화溫和할 것을 생각해야 하고,	色必思溫

용모容貌는 공손하게 하기를 생각해야 하며, 貌必思恭
말은 충실忠實하게 하기를 생각해야 하고, 言必思忠
일 처리處理는 신중하게 할 것을 생각해야 하며, 事必思敬
의심疑心나면 물을 것을 생각해야 하고, 疑必思問
화가 나면 후환後患을 생각해야 하며, 忿必思難
얻게 되면 의義로운가를 생각하니, 見得思義
이 아홉 가지 생각을 구사九思라 하네. 是曰九思

예의禮義가 아니면 보지 말아야 하고, 非禮勿視
예의가 아니면 듣지 말아야 하고, 非禮勿聽
예의가 아니면 말하지 말아야 하고, 非禮勿言
예의가 아니면 행동行動하지 말아야 하네. 非禮勿動

행실行實은 정직正直해야 하고, 行必正直
말은 신의信義 있고 진실眞實해야 하며, 言則信實
용모는 단정端正해야 하고, 容貌端正
옷차림은 가지런해야 하네. 衣冠整齊

일상생활日常生活은 공손히 해야 하고, 居處必恭
걸음은 안정安靜되고 점잖게 해야 하고, 步履安詳
일할 때는 시작始作을 잘할 것을 도모하고, 作事謀始
말할 때는 실천實踐할 수 있을지를 돌아보네. 出言顧行

떳떳한 덕德을 굳게 지키고, 常德固持
승낙承諾할 때는 신중愼重히 하며, 然諾重應
먹고 마시는 것을 삼가고 절제節制하며, 飮食愼節
언어言語는 공손히 하네. 言語恭遜

좋은 행실行實은 서로 권하고, 德業相勸
허물과 잘못은 서로 타이르며, 過失相規
예의에 맞는 풍속風俗으로 서로 사귀며, 禮俗相交
환난患難은 서로 구제救濟해주네. 患難相恤

가난과 재난災難이 생기면, 貧窮困厄
친척親戚들이 서로 구원救援하고, 親戚相救
혼인婚姻이나 초상初喪 때는, 婚姻死喪
이웃끼리 서로 도와주네. 隣保相助

자기 수양修養과 집안 가지런히 함은, 修身齊家
나라 다스리는 근본根本이요, 治國之本
책冊 열심히 읽고 부지런하며 검소儉素함은, 讀書勤儉
집안 일으키는 근본이네. 起家之本

충실忠實하고 미덥고 자상慈祥하며, 忠信慈祥
온화溫和하고 어질고 공손恭遜하고 검소儉素해야 하며, 溫良恭儉

사람의 덕행德行 가운데, 人之德行
겸손謙遜과 양보讓步가 제일이네. 謙讓爲上

남의 단점短點 말하지 말고, 莫談他短
나의 장점長點 믿지 말며, 靡恃己長
자기自己가 하고 싶지 않은 일을, 己所不欲
남에게 시키지 말아야 하네. 勿施於人

선행善行을 쌓은 집에는, 積善之家
반드시 좋은 일 있게 되고, 必有餘慶
선행을 않은 집에는, 不善之家
반드시 나쁜 일 있게 되네. 必有餘殃

남에게 손해損害 끼쳐 자기 이익利益 삼으면, 損人利己
끝내는 자신自身을 해치니, 終是自害
화禍와 복福은 문門이 따로 없어, 禍福無門
오직 사람이 불러들인 것이라네. 惟人所召

아, 어린이들이여! 嗟嗟小子
이 책의 말씀 공손히 받아들여라. 敬受此書
내 말은 늙은이의 잔소리 아니라, 非我言耄
성인聖人의 가르침이네. 惟聖之謨

추구 推句

추구 41

하늘이 높아 해와 달 밝고, 天高日月明
땅이 두터워 풀과 나무 자라네. 地厚草木生

달이 뜨니 하늘이 눈을 뜬 듯하고, 月出天開眼
산이 높으니 땅이 머리를 든 듯하네. 山高地擧頭

동쪽과 서쪽 사이 몇 만 리里인가? 東西幾萬里
남쪽과 북쪽 사이 잴 수 없네. 南北不能尺

하늘은 서북西北쪽으로 기운 듯하고, 天傾西北邊
땅은 동남東南쪽 경계境界가 낮은 듯하네. 地卑東南界

봄이 오니 배꽃 하얗게 피고, 春來梨花白
여름 되니 나뭇잎 푸르디푸르네. 夏至樹葉青

가을 날씨 서늘해서 노란 국화菊花 피고, 秋涼黃菊發
겨울 날씨 추워지자 흰 눈 내리네. 冬寒白雪來

해와 달은 천년千年의 거울이요, 日月千年鏡
강江과 산山은 만고萬古의 병풍屛風이네. 江山萬古屛

동서東西쪽은 해와 달이 드나드는 문이요, 東西日月門

남북南北쪽은 기러기 떼 오가는 길이네. 南北鴻雁路

봄철 물은 사방四方 못에 가득하고, 春水滿四澤
여름 구름은 기이奇異한 봉우리 많아라. 夏雲多奇峯

가을밤 달빛은 휘영청 밝게 비추고, 秋月揚明輝
겨울 산 외로운 소나무 빼어나네. 冬嶺秀孤松

해와 달은 새장 속에 갇힌 새 같고, 日月籠中鳥
하늘과 땅은 물 위에 뜬 부평초浮萍草 같네. 乾坤水上萍

흰 구름은 산 위의 일산日傘이요, 白雲山上蓋
밝은 달은 물 속의 진주珍珠라네. 明月水中珠

달은 우주宇宙 비추는 촛불 되고, 月爲宇宙燭
바람은 산과 강 울리는 북이 되네. 風作山河鼓

달은 자루 없는 부채처럼 생기고, 月爲無柄扇
별은 끈 끊어져 흩어진 진주珍珠 같네. 星作絶纓珠

구름은 겹겹이 천 층層 봉우리 되고, 雲作千層峰
무지개는 길게 백 척尺 다리 되네. 虹爲百尺橋

가을 단풍丹楓은 서리 내리기 전에 지고, 秋葉霜前落
봄날 꽃은 비 내린 후에 더욱 붉네. 春花雨後紅

봄은 사계절四季節의 맨 처음이고, 春作四時首
사람은 만물萬物의 영장靈長이네. 人爲萬物靈

수水, 화火, 목木, 금金, 토土는 오행五行이요, 水火木金土
인仁, 의義, 예禮, 지智, 신信은 오상五常이네. 仁義禮智信

하늘, 땅, 사람을 삼재三才라 하고, 天地人三才
임금, 스승, 아버지는 한 몸이네. 君師父一體

하늘과 땅은 부모父母와 같고, 天地爲父母
해와 달은 형제兄弟와 같구나. 日月似兄弟

부부夫婦는 두 성姓이 합쳐져 되고, 夫婦二姓合
형제兄弟는 한 기운氣運을 이어받았네. 兄弟一氣連

부모는 사랑하고 자식은 효도孝道해야 하며, 父慈子當孝
형은 우애友愛하고 아우 또한 공경恭敬하네. 兄友弟亦恭

부모님이여! 천년토록 장수長壽하시고, 父母千年壽

자손들이여! 만대萬代까지 영화榮華로워라. 子孫萬世榮

임금 사랑에 세상 태평太平하길 바라고, 愛君希道泰
나라 걱정에 해마다 풍년豊年을 소원所願하네. 憂國願年豊

아내가 현명賢明하면 남편의 재앙災殃 적고, 妻賢夫禍少
자식 효도에 부모 마음 너그러워지네. 子孝父心寬

자식 효도하니 양친兩親 즐거워하고, 子孝雙親樂
집안 화목和睦하면 모든 일 이루어지네. 家和萬事成

집 그리워 맑은 밤에 서성이다가, 思家淸宵立
아우 생각나서 대낮에 졸고 있네. 憶弟白日眠

집이 가난하면 어진 아내 생각나고, 家貧思賢妻
나라 혼란混亂하면 훌륭한 재상宰相 생각하네. 國亂思良相

푸른 대나무는 군자君子의 절조節操요, 綠竹君子節
푸른 소나무는 장부丈夫의 마음이네. 靑松丈夫心

사람 마음 아침저녁으로 변하지만, 人心朝夕變
산빛은 예나 지금至今이나 다름없네. 山色古今同

강산江山은 만고萬古의 주인主人이요, 江山萬古主
사람은 백년百年 살다 가는 손님이네. 人物百年賓

세상일 석 자 거문고에 실어 보내고, 世事琴三尺
한평생을 한 잔 술로 시름 달래네. 生涯酒一盃

산이 고요하니 태곳적 같고, 山靜似太古
해가 긺은 소년 시절 같네. 日長如少年

고요함 속에 하늘과 땅 큰 줄 알겠고, 靜裏乾坤大
한가閑暇한 가운데 세월歲月이 긴 것 느끼네. 閒中日月長

밭을 가니 봄빛 함께 묻히고, 耕田埋春色
물을 길으니 달빛도 함께 떠지네. 汲水斗月光

서쪽 정자亭子엔 강 위로 달 떠오르고, 西亭江上月
동쪽 누각樓閣엔 눈 속에 매화梅花 피어 있네. 東閣雪中梅

술 마시니 사람 얼굴 붉어지고, 飮酒人顔赤
풀 뜯으니 말의 입이 푸르러지네. 食草馬口靑

하얀 술은 사람 얼굴 붉게 만들고, 白酒紅人面

누런 금은 벼슬아치 마음 검게 하네. 黃金黑吏心

노인老人은 지팡이 짚고 가고, 老人扶杖去
아이는 대나무말 타고 오누나. 小兒騎竹來

사내종은 땔나무 지고 가고, 男奴負薪去
계집종은 물을 길어 오누나. 女婢汲水來

벼루 씻으니 물고기가 먹물 들이키고, 洗硯魚呑墨
차 달이니 학鶴들이 연기煙氣 피해 가네. 煮茶鶴避煙

소나무는 손님 맞는 일산日傘 되고, 松作延客蓋
둥근 달은 글 읽는 등잔燈盞 되네. 月爲讀書燈

꽃잎 떨어져도 아까워 쓸지 못하고, 花落憐不掃
달빛 밝아 사랑스러워 잠 못 이루네. 月明愛無眠

달은 구름 사이의 거울 되고, 月作雲間鏡
바람은 대나무 숲의 거문고라네. 風爲竹裡琴

물을 움키니 달이 손안에 있고, 掬水月在手
꽃을 희롱戲弄하니 옷에 향기香氣 가득하네. 弄花香滿衣

한밤에도 등불 앞은 대낮 같고, 五夜燈前晝
유월에도 정자亭子 밑은 가을 같네. 六月亭下秋

세월歲月 가니 사람 머리 희어지고, 歲去人頭白
가을 오니 나뭇잎 노랗게 되네. 秋來樹葉黃

비 개인 산은 갓 목욕沐浴한 듯하고, 雨後山如沐
바람 앞의 풀은 술 취한 것 같네. 風前草似醉

사람은 천 리里 밖에 떨어져 있고, 人分千里外
흥취興趣는 한 잔盞 술에 담겨 있네. 興在一杯中

봄뜻은 분별分別이 없건만, 春意無分別
인정人情은 깊고 얕음 있네. 人情有淺深

꽃잎 지기 전이 봄이요, 花落以前春
산이 깊어야 절이 있네. 山深然後寺

산 넘어 산이어서 다함이 없고, 山外山不盡
길 가운데 길이어서 끝이 없네. 路中路無窮

해 저무니 푸른 산 멀게 느껴지고, 日暮蒼山遠

날씨 추우니 초가草家집 쓸쓸하여라. 天寒白屋貧

작은 동산에 꾀꼬리 노래 그치고, 小園鶯歌歇
큰 문에는 나비의 춤 어지럽구나. 長門蝶舞多

바람 부는 창가는 등잔불 꺼지기 쉽고, 風窓燈易滅
달빛 밝은 집에선 꿈 이루기 어렵네. 月屋夢難成

날이 저무니 닭이 홰에 오르고, 日暮鷄登塒
날씨 차지니 새들이 처마로 드네. 天寒鳥入簷

들 넓어 하늘은 나무보다 낮아 보이고, 野曠天低樹
강물 맑아 달이 사람에게 가까이 왔네. 江清月近人

바람은 떼 지어 나는 기러기 몰고, 風驅群飛雁
달은 홀로 가는 배 떠나보내네. 月送獨去舟

가랑비 못의 물에서 볼 수 있고, 細雨池中看
산들바람 나무 끝에서 알 수 있네. 微風木末知

꽃은 웃어도 소리 들리지 않고, 花笑聲未聽
새는 울어도 눈물 보기 어렵네. 鳥啼淚難看

하얀 해오라기 천 점點의 눈과 같고, 白鷺千點雪
누런 꾀꼬리 한 조각 황금黃金이네. 黃鶯一片金

복숭아꽃 오얏꽃 일천一千 베틀 비단이요, 桃李千機錦
강산江山은 한 폭 그림 병풍屛風 같구나. 江山一畫屛

새는 못가 나무에서 잠을 자고, 鳥宿池邊樹
스님은 달빛 아래서 문을 두드리네. 僧敲月下門

노櫓는 파도波濤 밑의 달을 뚫고, 棹穿波底月
배는 물속의 하늘을 눌렀네. 船壓水中天

높은 산에 흰 구름 일어나고, 高山白雲起
너른 들에 향긋한 풀 푸르네. 平原芳草綠

물은 하늘에 닿아 함께 푸르고, 水連天共碧
바람은 달과 어울려 더욱 맑구나. 風與月雙淸

산 그림자는 밀쳐도 나가지 않고, 山影推不出
달빛은 쓸어내도 또다시 생기네. 月光掃還生

물새 위로 떴다가 다시 잠기고, 水鳥浮還沒

산 구름 끊어졌다 다시 이어지네. 山雲斷復連

달 가니 산 그림자 바뀌고, 月移山影改
해 지니 누대樓臺 자취 사라지네. 日下樓痕消

하늘 높아서 올라가 잡을 수 없고, 天長去無執
꽃 시드니 나비가 오지 않네. 花老蝶不來

초승달은 장군將軍의 활 같고, 初月將軍弓
유성流星은 장사壯士의 화살 같네. 流星壯士矢

마당 쓰니 황금黃金이 나오고, 掃地黃金出
대문大門 여니 만복萬福이 들어오네. 開門萬福來

새는 꽃 사이 나비를 쫓고, 鳥逐花間蝶
닭은 풀 속의 벌레를 다투네. 鷄爭草中蟲

새 지저귐은 뱀이 나무에 올라와서요, 鳥喧蛇登樹
개 짖음은 손님이 대문에 이르러서네. 犬吠客到門

높은 산봉우리 하늘 버틴 채 서 있고, 高峯撑天立
긴 강물은 대지大地 가르며 흘러가네. 長江割地去

검푸른 바다는 누런 용龍의 저택邸宅이요, 碧海黃龍宅
푸른 소나무는 하얀 학鶴의 누대樓臺이네. 青松白鶴樓

달은 오동梧桐나무 위에 오르고, 月到梧桐上
바람은 버들가지 끝에 부네. 風來楊柳邊

뭇별은 푸른 하늘에 진陣을 치고, 群星陣碧天
낙엽落葉은 가을 산에서 싸우고 있네. 落葉戰秋山

물속 물고기 맑은 물결에서 뛰놀고, 潛魚躍清波
아름다운 새 높은 가지에서 우네. 好鳥鳴高枝

비 갠 시냇물은 비파琵琶 소리 내고, 雨後澗生瑟
바람 앞 소나무는 거문고 연주演奏하네. 風前松奏琴

말은 천릿길을 달리고, 馬行千里路
소는 백 이랑 밭을 가누나. 牛耕百畝田

말이 가니 망아지 뒤를 따르고, 馬行駒隨後
소는 밭 갈고 송아지 언덕에 누웠네. 牛耕犢臥原

개가 달려가니 매화梅花꽃 떨어지고, 狗走梅花落

닭이 지나가니 댓잎 만들어지네. 鷄行竹葉成

죽순竹筍은 누런 송아지 뿔 같고, 竹筍黃犢角
고사리 순筍은 어린애 주먹 같네. 蕨芽小兒拳

맑은 하늘에 기러기 한 마리 멀리 날아가고, 天淸一雁遠
넓은 바다에 외로운 배 느리게 가네. 海闊孤帆遲

꽃이 문장文章나무에 피었고, 花發文章樹
달이 장원봉壯元峰에 떴다네. 月出壯元峰

버들 빛깔 황금黃金처럼 예쁘고, 柳色黃金嫩
배꽃은 흰 눈처럼 향긋하구나. 梨花白雪香

푸른 물은 갈매기 앞의 거울이요, 綠水鷗前鏡
푸른 소나무는 학鶴 뒤의 병풍屛風이네. 靑松鶴後屛

비는 창포菖蒲 잎을 칼처럼 갈고, 雨磨菖蒲刀
바람은 버들을 머리카락처럼 빗질하네. 風梳楊柳髮

물오리 푸른 바다 갈면서 가고, 鳧耕蒼海去
해오라기 푸른 산을 가르며 오네. 鷺割靑山來

꽃 붉으니 누런 벌 윙윙거리고, 花紅黃蜂鬧
풀 푸르니 하얀 말 우는구나. 草綠白馬嘶

산비는 밤이 되니 대나무 울리고, 山雨夜鳴竹
풀벌레는 가을날 평상平床 밑에 들어오네. 草蟲秋入牀

아득한 물은 하늘과 닿아 푸르고, 遠水連天碧
서리 맞은 단풍丹楓은 햇살 받아 붉네. 霜楓向日紅

산은 외로운 둥근 달 토해내고, 山吐孤輪月
강은 만 리의 바람 머금었구나. 江含萬里風

이슬 맺히니 천 조각 구슬이요, 露凝千片玉
국화菊花 흩어지니 한 떨기 황금黃金이네. 菊散一叢金

하얀 나비 흩날리는 눈발 같고, 白蝶紛紛雪
누런 꾀꼬리 조각조각 황금 같네. 黃鶯片片金

골짜기 깊으니 꽃 늦게 피고, 洞深花意懶
산 깊으니 물소리 그윽하네. 山疊水聲幽

얼음 녹자 물고기 처음으로 뛰놀고, 氷解魚初躍

바람 따뜻하니 기러기 돌아가려 하네. 風和雁欲歸

숲 사이에 시원한 바람 그칠 새 없고, 林風涼不絶
산 위에 걸린 달은 새벽에도 밝다네. 山月曉仍明

죽순竹筍은 뾰족하여 붓과 닮았고, 竹筍尖如筆
솔잎은 가늘어 바늘 같구나. 松葉細似針

물고기 노닐어 새로 핀 연꽃 흔들리고, 魚戲新荷動
새 날아 흩어지니 남은 꽃 떨어지네. 鳥散餘花落

거문고 젖어도 줄은 여전히 소리 내고, 琴潤絃猶響
화로火爐 차가워도 불씨 그대로 살아 있네. 爐寒火尙存

봄엔 북쪽, 가을엔 남쪽 기러기, 春北秋南雁
아침엔 서쪽, 저녁엔 동쪽 무지개. 朝西暮東虹

버들 장막帳幕엔 꾀꼬리가 손님 되고, 柳幕鶯爲客
꽃잎 속에선 나비가 신랑新郎 되네. 花房蝶作郎

햇빛은 시냇물 위에 찰랑대고, 日華川上動
바람 빛은 풀잎 위에 살랑대네. 風光草際浮

밝은 달빛 소나무 사이로 비치고, 明月松間照
맑은 샘물 돌 위로 흐르네. 淸泉石上流

푸른 소나무 길을 끼고 자라고, 靑松夾路生
흰 구름 처마 끝에 머물러 있네. 白雲宿簷端

연꽃 바람 향기香氣를 실어 보내오고, 荷風送香氣
대나무 이슬 맑은 소리로 떨어지네. 竹露滴淸響

골짜기 곧아 바람 세차게 불고, 谷直風來急
산이 높아 달 더디게 뜨네. 山高月上遲

귀뚜라미 골방에서 울어대고, 蟋蟀鳴洞房
오동梧桐잎 가을 우물에 떨어지네. 梧桐落金井

산山 높아도 소나무 아래 서 있고, 山高松下立
강江 깊어도 모래 위에서 흐르네. 江深沙上流

어젯밤 내린 비에 꽃이 피더니, 花開昨夜雨
오늘 아침 바람에 꽃이 지누나. 花落今朝風

큰 가뭄 끝에 단비 내리고, 大旱得甘雨

타향他鄕에서 옛적 친구親舊 만나네. 他鄕逢故人

호랑이 그려도 뼈까지 그리기 어렵고, 畫虎難畫骨
사람 알아도 속마음 알 수 없네. 知人未知心

흐르는 물 다시 돌아오지 못하고, 水去不復回
한번 뱉은 말 다시 거두기 어렵네. 言出難更收

배운 글 천 년의 보배 되고, 學文千載寶
탐貪한 물건 하루아침에 티끌 되네. 貪物一朝塵

시선詩仙으로 불리는 이태백李太白

서성書聖으로 불리는 왕희지王羲之

추구 57

문장文章은 이태백李太白이 으뜸이요,	文章李太白
필법筆法은 왕희지王羲之가 제일이네.	筆法王羲之
하루라도 글 읽지 않으면,	一日不讀書
입 안에 가시가 돋아나네.	口中生荊棘
꽃은 거듭 필 날 있지만,	花有重開日
사람은 다시 소년少年 못 되네.	人無更少年
세월歲月을 헛되이 보내지 말라,	白日莫虛送
청춘青春은 다시 오지 않네.	青春不再來

천자문 千字文

하늘은 검고 땅은 누르며, 天地玄黃

우주宇宙는 넓고 끝이 없네. 宇宙洪荒

해와 달은 찼다 기울며, 日月盈昃

별들은 12방위方位로 벌려 있네. 辰宿列張

추위가 오면 더위가 물러가고, 寒來暑往

한석봉韓石峯 ≪천자문千字文≫

가을엔 곡식穀食 거두고 겨울엔 갈무리하네. 秋收冬藏

윤달의 남는 것으로 해를 이루고, 閏餘成歲

육률六律과 육려六呂로 음양陰陽을 조화시키네. 律呂調陽

구름이 날면 비를 이루고, 雲騰致雨

이슬이 맺히면 서리가 되네. 露結爲霜

금金은 여수麗水에서 나오고,	金生麗水
구슬은 곤산崑山에서 나오네.	玉出崑岡
보검寶劍은 거궐巨闕이 이름났고,	劍號巨闕
구슬은 야광夜光이 일컬어지네.	珠稱夜光
과일은 오얏과 버찌가 보배스럽고,	果珍李柰
채소菜蔬는 겨자와 생강生薑을 중히 여기네.	菜重芥薑
바닷물은 짜고 황하黃河는 담박淡泊하며,	海鹹河淡
비늘 달린 물고기는 물속에 있고,	
깃 달린 새는 공중空中을 나네.	鱗潛羽翔
용龍으로 벼슬이름을 쓴 복희씨伏羲氏,	
불을 숭상한 신농씨神農氏.	龍師火帝
새[鳥]로 벼슬이름을 쓴 소호少昊,	
문명文明을 밝힌 인황人皇.	鳥官人皇
창힐蒼頡은 처음 문자文字를 지었고,	始制文字

창힐蒼頡

황제黃帝

황제黃帝는 웃옷과 치마를 입혔네. 乃服衣裳

천자天子 자리를 물려주어 나라 사양辭讓한 이는, 推位讓國

유우씨有虞氏 제순帝舜과 도당씨陶唐氏 제요帝堯라네. 有虞陶唐

백성百姓을 위로慰勞하고 죄인罪人을 친 사람은, 弔民伐罪

주周나라 무왕武王 발發과 은殷나라 탕왕湯王이네. 周發殷湯

조정朝廷에 앉아 어진 이 존경尊敬하고 도道 물으면, 坐朝問道

용포龍袍 입고 두 손 맞잡고 있어도 평안平安해지네. 垂拱平章

백성을 사랑하여 기르니, 愛育黎首

오랑캐들도 신하臣下로 복종服從하네. 臣伏戎羌

멀고 가까운 백성과 민족民族을 한 몸으로 여기니, 遐邇壹體

거느려 와 복종하여 임금께 귀의歸依하네. 率賓歸王

우는 봉황鳳凰새는 오동梧桐나무에 깃들고, 鳴鳳在樹

흰 망아지는 마당에서 풀을 먹네. 白駒食場

덕德의 교화敎化가 초목草木에도 입혀지고, 化被草木

덕과 은택恩澤이 만방萬方에 미치네. 賴及萬方

대개 이 몸과 터럭은, 蓋此身髮

하늘, 땅, 임금, 부모의 사대四大와,

인仁, 의義, 예禮, 지智, 신信의 오상五常이 있네. 四大五常

키워주고 길러주심 공손恭遜히 생각하니, 恭惟鞠養

어찌 감히 몸을 손상損傷시킬까? 豈敢毁傷

여자女子는 행실行實의 곧고 매움을 숭상崇尙하고, 女慕貞烈

남자男子는 재주와 어짊을 본받아야 하네. 男效才良

허물을 알면 반드시 고치고,	知過必改
배워 능함을 얻으면 잊지 말라.	得能莫忘
남의 단점短點을 말하지 말고,	罔談彼短
자기의 장점長點을 믿지 말라.	靡恃己長
약속約束은 실천實踐되게 하고,	信使可覆
도량度量은 헤아리기 어렵게 만들라.	器欲難量
묵자墨子는 흰 실 검게 물듦 슬퍼하고,	墨悲絲染
≪시경詩經≫은 문왕文王의 교화 찬미讚美했네.	詩讚羔羊
대도大道를 행하면 어진 사람 되고,	景行維賢
잘 생각하면 성인聖人이 되네.	克念作聖
덕德이 서면 명예名譽가 따르고,	德建名立
용모容貌 단정端正하면 태도態度도 바르게 되네.	形端表正
빈 골짜기라도 소리가 전해지고	空谷傳聲
빈 집이라도 울림이 들린다네.	虛堂習聽
화禍는 악惡이 쌓여 생기고,	禍因惡積
복福은 선善한 일로 연유緣由하네.	福緣善慶
한 자의 구슬이 보물寶物이 아니요,	尺璧非寶
한 치의 광음光陰을 다툴 일이네.	寸陰是競
부모 섬김을 미루어 임금 섬길 때,	資父事君
엄숙嚴肅하고 공경恭敬하라.	曰嚴與敬
효도孝道는 마땅히 힘을 다해야 하고,	孝當竭力
충성忠誠은 한 목숨을 바쳐야 하네.	忠則盡命

깊은 물 임하듯, 살얼음 밟듯 몸조심하고, 臨深履薄
일찍 일어나 겨울엔 따뜻한가,
여름에 시원한가 살피네. 夙興溫凊
군자君子는 난초蘭草와 같이 향기香氣롭고, 似蘭斯馨
소나무와 같이 무성茂盛하다네. 如松之盛
시냇물은 흘러 밤낮으로 쉬지 않고, 川流不息
못물이 맑아 비칠 수 있네. 淵澄取映
행동거지行動擧止 엄숙하여 생각하는 듯하고, 容止若思
말씨는 조용하고 안정되게 하네. 言辭安定
시작始作을 독실篤實히 함이 참으로 아름다우니, 篤初誠美
마무리를 삼가서 진선진미盡善盡美케 하라. 愼終宜令
영화榮華로운 사업터가 되는 바이니, 榮業所基
좋은 명성名聲 많아 끝이 없으리라. 籍甚無竟
배우고서 여유餘裕 있으면 벼슬에 올라, 學優登仕
직책職責 갖고 정사政事에 종사從事하네. 攝職從政
소공召公이 쉬었던 감당甘棠나무 보존保存하니, 存以甘棠
떠남에 사모思慕하여 〈감당시甘棠詩〉 읊었네. 去而益詠
음악音樂은 귀하고 천함에 따라 다르고, 樂殊貴賤
예절禮節은 높고 낮음에 따라 구별하네. 禮別尊卑
위에서 화합和合하면 아래에서도 화목和睦하고, 上和下睦
남편男便이 앞장서면 부인婦人은 따른다네. 夫唱婦隨
집 밖에서 스승의 가르침을 받고, 外受傅訓

집 안에서 어머니의 몸가짐 받드네. 入奉母儀

여러 고모姑母와 백부伯父, 숙부叔父는, 諸姑伯叔

조카를 자기 아이같이 대하네. 猶子比兒

깊이 생각해주는 형제兄弟는, 孔懷兄弟

같은 기운에 나뭇가지 이어진 듯하네. 同氣連枝

벗을 사귀어 정분情分을 나누고, 交友投分

절차탁마切磋琢磨하며 경계警戒하고 간언諫言하네. 切磨箴規

인자仁慈하고 측은惻隱하게 여기는 마음은, 仁慈隱惻

잠깐이라도 떠나지 못하네. 造次弗離

절의節義와 청렴淸廉에 힘쓰고 용감勇敢히 물러남은, 節義廉退

어려운 속에서도 이지러뜨릴 수 없네. 顚沛匪虧

성품性品이 고요하면 감정感情도 편안하고, 性靜情逸

마음이 동요動搖되면 정신도 피로疲勞해지네. 心動神疲

도道를 지키면 의지意志가 충만充滿해지고, 守眞志滿

사물事物을 좇으면 뜻이 옮겨지네. 逐物意移

바른 지조志操 굳게 지키면, 堅持雅操

좋은 벼슬 저절로 이르네. 好爵自縻

중국中國의 수도首都는, 都邑華夏

동경東京과 서경西京의 두 서울이네. 東西二京

동경은 망산邙山을 북쪽에 두고,

낙수洛水를 남쪽에 두었으며, 背邙面洛

서경은 위수渭水가 질러가고,

경수涇水에 웅거雄據하였네. 浮渭據涇
궁전宮殿이 빽빽이 들어서고, 宮殿盤鬱
누관樓觀은 꿩이 놀라 나는 듯 뾰족하네. 樓觀飛驚
궁전宮殿에는 봉황鳳凰과 기린麒麟 그렸으며, 圖寫禽獸
신선神仙과 신령神靈도 그려 곱게 채색彩色하였네. 畫綵仙靈
전殿 좌우左右에 집들이 늘어섰고, 丙舍傍啓
진주珍珠 장막帳幕도 기둥 사이에 마주했네. 甲帳對楹
자리 펴고 방석方席 진열陳列하여, 肆筵設席
비파琵琶 타고 젓대 불어대네. 鼓瑟吹笙
계단階段으로 오르고 섬돌로 들어가니, 陞階納陛
관冠의 구슬 움직임이 별인 듯하네. 弁轉疑星
오른쪽으로는 도서관圖書館으로 통하고, 右通廣內
왼쪽으로는 교열실校閱室에 이르네. 左達承明
이미 삼황三皇과 오제五帝의 책 모으고, 旣集墳典
또한 뭇 영재英才와 선비를 모았도다. 亦聚群英
두조杜操는 초서草書, 종요鍾繇는 예서隸書, 杜稾鍾隸
벽 속엔 옻칠로 쓴 경서經書가 있었네. 漆書壁經
관청官廳엔 장수將帥와 정승政丞 늘어서 있고, 府羅將相
길 양옆엔 삼공三公과 구경九卿 자리했네. 路挾槐卿
민호民戶로 제후諸侯를 봉封해주고, 戶封八縣
집에는 일천 명의 호위병護衛兵 주었네. 家給千兵
고관高官들 임금의 수레 모시고, 高冠陪輦

수레 몰면 갓끈 구슬들 진동振動하네. 驅轂振纓
대대로 녹봉祿俸 받아 사치奢侈하고 부유富裕하니, 世祿侈富
수레가 경쾌輕快하고 말은 살쪘네. 車駕肥輕
공적功績 기록하여 많은 상賞을 주고, 策功茂實
비석碑石 만들어 업적業績을 새기네. 勒碑刻銘
강태공姜太公과 이윤伊尹은, 磻溪伊尹
때를 돕고 임금을 보좌補佐하였네. 佐時阿衡
곡부曲阜에 머물러 도읍都邑 정하니, 奄宅曲阜
주공周公이 아니면 누가 경영經營했을까? 微旦孰營
환공桓公은 천하天下 바로잡고 규합糾合하여 桓公匡合
약자弱者 구제救濟하고 기우는 나라 붙들었네. 濟弱扶傾
기리계綺里季의 보좌는 한漢나라 혜제惠帝를 편케 하고, 綺回漢惠
부열傅說은 꿈에 무정武丁을 감동시켰네. 說感武丁
준걸俊傑들은 경륜經綸을 치밀緻密하게 하고, 俊乂密勿
많은 선비 있어 나라가 편안하네. 多士寔寧
진晉나라 초楚나라 번갈아 패권霸權 잡고, 晉楚更霸
조趙나라 위魏나라 연횡連橫에 곤궁困窮해졌네. 趙魏困橫
진晉나라는 길 빌려 괵虢나라 멸망滅亡시키고, 假途滅虢
천토踐土의 맹세로 제후諸侯 호령號令하였네. 踐土會盟
소하蕭何는 간결簡潔한 법法을 따라 다스렸고, 何遵約法
한비韓非는 번거로운 형벌刑罰로 피폐疲弊하였네. 韓弊煩刑
백기白起, 왕전王翦, 염파廉頗, 이목李牧은, 起翦頗牧

군사軍士 쓰기를 가장 정교精巧하게 하였네. 用軍最精

사막沙漠에까지 위력威力 선양宣揚하니, 宣威沙漠

화상畵像 그려 명예 드날렸네. 馳譽丹青

아홉 주州는 우禹임금의 자취이고, 九州禹跡

일백 고을은 진秦나라가 합병合倂했네. 百郡秦幷

오악五嶽은 항산恒山 태산泰山이 우두머리요, 嶽宗恒岱

봉선封禪은 운운산云云山과 정정산亭亭山에서 주로 했네. 禪主云亭

기러기 넘어가는 안문군雁門郡과,

자주색紫朱色 땅 자새紫塞와, 雁門紫塞

암탉 얻은 계전雞田과,

어복현魚腹縣의 적성赤城이네. 雞田赤城

수전水戰 익힌 곤명昆明 못과,

여성현黎城縣의 갈석碣石이요, 昆池碣石

태산泰山 동쪽 거야군鉅野郡과,

양자강揚子江 남쪽 동정호洞庭湖이네. 鉅野洞庭

산천山川은 광막廣漠하고 멀며, 曠遠綿邈

바위와 묏부리가 아득하고 깊네. 巖岫杳冥

정치政治는 농사農事를 근본根本으로 하여, 治本於農

심고 거둠을 힘쓰게 하였네. 務玆稼穡

비로소 남쪽 이랑에서 일을 하고. 俶載南畝

우리의 기장과 피를 심었네. 我藝黍稷

곡식으로 조세租稅 내고 새로운 토산물土産物 바치니, 稅熟貢新
권勸하고 상賞주며 내치거나 올려주네. 勸賞黜陟
맹자孟子는 본바탕을 돈독敦篤히 닦았으며, 孟軻敦素
사어史魚는 직간直諫을 잘하였네. 史魚秉直
중용中庸에 거의 이르려면, 庶幾中庸
근로勤勞하고 겸손謙遜하고 삼가고 경계警戒하라. 勞謙謹勅
소리 듣고 이치理致 살피며, 聆音察理
모습 보고 기색氣色 분별分別하네. 鑑貌辨色
그 아름다운 계책計策을 물려주니, 貽厥嘉猷
좋은 도道 공경恭敬히 심기를 힘써라. 勉其祗植
몸을 반성反省하여 살피고 경계하며, 省躬譏誡
은총恩寵 더하면 극도極度에 이름을 우려憂慮하라. 寵增抗極
위태危殆롭고 욕되면 수치羞恥에 가까우니, 殆辱近恥
숲 우거진 산림山林으로 떠나야 하네. 林皐幸卽
소광疏廣과 소수疏受의 두 소씨疏氏 낌새 알았으니, 兩疏見機
관직 버리는 것 누가 말리겠는가? 解組誰逼
한가閑暇롭게 조용히 지내며, 索居閒處
말없이 고요하게 산다네. 沈默寂寥
옛것 구하여 의논議論하니, 求古尋論
잡념雜念 날려버리고 유유자적悠悠自適하네. 散慮逍遙
기뻐하는 마음 저절로 오고 복잡複雜한 생각 보내며, 欣奏累遣
슬픔 사라지고 기쁨 다가오네. 慼謝歡招

도랑의 연꽃은 선명鮮明하고, 渠荷的歷
동산의 숲은 가지 뻗어 오르네. 園莽抽條
비파나무 겨울에도 늦도록 짙푸르고, 枇杷晩翠
오동나무 잎 가을 기운에 일찍 시드네. 梧桐早凋
묵은 뿌리는 땅에 쌓이고 덮이며, 陳根委翳
떨어지는 잎은 이리저리 나부끼네. 落葉飄颻
노니는 곤어鯤魚 홀로 북해北海에서 요동搖動치다가, 遊鯤獨運
붕鵬새 되어 붉은 하늘 높이 솟아오르네. 凌摩絳霄
독서讀書를 즐겨 책방冊房에서 글을 읽어, 耽讀翫市
한 번 보면 머리주머니에 넣은 듯하네. 寓目囊箱
가벼운 말은 군자의 두려움이니, 易輶攸畏
귀가 담에도 붙어 있다네. 屬耳垣牆
반찬飯饌을 골고루 갖춰 밥을 먹고, 具膳飧飯
입맛에 맞춰 배를 채우면 되네. 適口充腸
배부르면 귀한 고기도 맛보기 싫고, 飽飫烹宰
굶주리면 하찮은 지게미와 겨도 달다네. 飢厭糟糠
친족親族과 인척姻戚 그리고 옛 친구親舊는, 親戚故舊
늙고 젊음에 따라 음식飮食을 달리하네. 老少異糧
첩妾이나 시녀侍女는 길쌈을 하고, 妾御績紡
장막帳幕 친 방에서 시중들어 모시네. 侍巾帷房
비단 부채 둥글고 깨끗하며, 紈扇圓潔
은빛 촛불 빛나고 환하다네. 銀燭煒煌

한가히 낮에 졸고 저녁에 자니, 晝眠夕寐
푸른 대나무 가마와 코끼리뼈로 꾸민 침상寢牀이네. 藍筍象牀
거문고와 비파로 노래하며 술로 잔치 벌이니, 絃歌酒讌
잔 잡고 잔 들어 기쁘게 권하네. 接杯擧觴
손 들고 발 구르며 춤추니, 矯手頓足
기쁘고 즐거우며 편안便安하도다. 悅豫且康
적장자嫡長子로 후사後嗣를 이어서, 嫡後嗣續
겨울엔 증제蒸祭, 가을엔 상제嘗祭 지내네. 祭祀蒸嘗
이마 조아리며 두 번 절하고, 稽顙再拜
두려워하고 엄숙嚴肅하고 공경恭敬히 하네. 悚懼恐惶
편지便紙는 간단簡單하고 긴요緊要해야 하며, 牋牒簡要
묻고 답함엔 잘 살피고 자세해야 하네. 顧答審詳
몸에 때 끼면 목욕沐浴할 것 생각하고, 骸垢想浴
뜨거운 것 잡으면 시원해지기 바라네. 執熱願凉
나귀와 노새와 송아지 번성蕃盛하여, 驢騾犢特
뛰쳐나와 뛰고 달리네. 駭躍超驤
도적盜賊을 처벌處罰하고 목을 베며, 誅斬賊盜
배반背叛하고 도망逃亡한 자 잡고 붙잡네. 捕獲叛亡
여포呂布는 활 잘 쏘고,
웅의료熊宜僚는 탄환彈丸 잘 놀리고, 布射僚丸
혜강嵇康은 거문고 잘 타고,
완적阮籍은 휘파람 잘 불었네. 嵇琴阮嘯
몽염蒙恬은 붓을 만들었고,

채륜蔡倫은 종이를 만들었으며, 恬筆倫紙
마균馬鈞은 기교技巧 있고,
임공자任公子는 큰 낚시 만들었네. 鈞巧任釣
분란紛亂을 풀고 세속世俗을 이롭게 하니, 釋紛利俗
아울러 모두 아름답고 묘하였네. 並皆佳妙
모장毛嬙과 서시西施는 자태姿態가 아름다워, 毛施淑姿
공교工巧롭게 찡그리고 곱게도 웃었네. 工嚬姸笑
해는 화살처럼 빨라 늘 재촉하고, 年矢每催
햇빛은 밝고 빛나네. 羲暉朗曜
천체天體를 관측觀測하는 기구器具는 매달린 채 돌고, 璇璣懸斡
어두워졌다가 밝아져 순환循環하여 비추네. 晦魄環照
선행善行 닦아 복福이 옴은 나무섶 불씨에 비유되니, 指薪修祜
길이 편안便安하고 경사慶事의 조짐兆朕 높아지리. 永綏吉邵
걸음걸이 바르게 하고 옷깃 단정端正히 하여, 矩步引領
조정朝廷에 오르내리네. 俯仰廊廟
복장服裝 차리고 엄숙嚴肅하니, 束帶矜莊
이리저리 거닐면 백성들 우러러보네. 徘徊瞻眺
외롭고 누추陋醜하고 견문見聞 적으면, 孤陋寡聞
어리석고 어두운 자처럼 꾸지람 듣네. 愚蒙等誚
말과 말을 돕는 어조사語助辭는, 謂語助者
언焉자, 재哉자, 호乎자, 야也자이네. 焉哉乎也

계몽편 啓蒙篇

1. 머리편〔수편首篇〕

위에는 하늘이 있고 아래에는 땅이 있으며, 하늘과 땅 사이에 사람이 있고 만물萬物이 있다.

해와 달과 별은 하늘에 매달려 있고, 강과 바다와 산은 땅에 실려 있다.

부모父母와 자식子息 사이의 친함과, 임금과 신하臣下 사이의 의리義理와, 남편男便과 아내 사이의 분별分別과, 어른과 어린이 사이의 차례次例와, 친구親舊와 친구 사이의 신의信義는 사람의 큰 윤리倫理이다.

동東, 서西, 남南, 북北으로 하늘과 땅의 방위方位를 정하고, 청靑, 황黃, 적赤, 백白, 흑黑으로 만물의 색色을 정하고, 신맛[酸], 짠맛[鹹], 매운맛[辛], 단맛[甘], 쓴맛[苦]으로 만물의 맛[味]을 정하고, 궁宮, 상商, 각角, 치徵, 우羽로 만물의 소리[聲]를 정하며, 일一, 이二, 삼三, 사四, 오五, 육六, 칠七, 팔八, 구九, 십十, 백百, 천千, 만萬, 억億으로 만물의 수數를 총괄總括한다.

2. 하늘편〔천편天篇〕

해는 동쪽에서 떠서 서쪽으로 진다. 해가 뜨면 낮이 되고 해가 지면 밤이 되니 밤에는 달과 별이 나타난다.

하늘에는 위성緯星이 있으니 금성金星, 목성木星, 수성水星, 화성火星, 토성土星의 오성五星이 이것이다.

또 경성經星이 있으니 각수角宿, 항수亢宿, 저수氐宿, 방수房宿, 심수心宿, 미수尾宿, 기수箕宿, 두수斗宿, 우수牛宿, 여수女宿, 허수虛宿, 위수危宿, 실수室宿, 벽수壁宿, 규수奎宿, 누수婁宿, 위수胃宿, 묘수昴宿, 필수畢宿, 자수觜宿, 삼수參宿, 정수井宿, 귀수鬼宿, 유수柳宿, 성수星宿, 장수張宿, 익수翼宿, 진수軫宿의 이십팔수二十八宿가 이것이다.

하루 낮과 밤[晝夜]은 12시時이고, 12시가 모여서 하루[日]가 되고, 30일이 모여서 한 달[月]이 되며, 열두 달이 모여서 1년年을 이룬다.

달에는 간혹 작은 달이 있는데, 작은 달은 29일이 한 달이 된다. 음력陰曆의 한 해에는 간혹 윤달[閏月]이 있는데 윤달이 있으면 열세 달이 1년이 된다.

12시란 곧 땅의 십이지十二支를 말하니, 십이지란 자子, 축丑, 인寅, 묘卯, 진辰, 사巳, 오午, 미未, 신申, 유酉, 술戌, 해亥이다.

하늘에는 십간十干이 있으니 십간이란 갑甲, 을乙, 병丙, 정丁, 무戊, 기己, 경庚, 신辛, 임壬, 계癸이다.

하늘의 십간이 땅의 십이지와 서로 합쳐져 육십갑자六十甲子가 되니, 육십갑자란 갑자甲子, 을축乙丑, 병인丙寅, 정묘丁卯로부터 임술壬戌, 계해癸亥까지가 이것이다.

열두 달이란 정월正月, 2월로부터 12월까지이다. 1년 중에 사시四時가 있으니, 봄[春], 여름[夏], 가을[秋], 겨울[冬], 즉 사계절四季節이 이것이다.

열두 달을 사시四時로 나누면 정월, 2월, 3월은 봄에 속하고, 4월, 5월, 6월은 여름에 속하고, 7월, 8월, 9월은 가을에 속하고, 10월, 11월, 12월은 겨울에 속한다.

낮이 길고 밤이 짧아지면서 천지天地의 기후氣候가 매우 더우면 여름이고, 밤이 길고 낮이 짧아지면서 천지의 기후가 매우 추우면 겨울이다.

봄과 가을에는 낮과 밤의 길이가 고르지만 봄의 기후는 조금 따뜻하고 가을의 기후는 조금 서늘하다.

봄 석 달이 지나면 여름이 되고, 여름 석 달이 지나면 가을이 되고, 가을 석 달이 지나면 겨울이 되며, 겨울 석 달이 지나면 다시 봄이 된다. 사시가 서로 교대交代하여 1년의 일이 이루어진다.

봄이면 만물萬物이 비로소 나오고, 여름이면 만물이 자라며, 가을이면 만물이 익으며, 겨울이면 만물이 감추어진다. 그러니 만물이 나서 자라고 거두어지고 감추어지는 것이 사시의 공효功效 아님이 없다.

3. 땅편〔지편地篇〕

땅 가운데 높은 곳은 산山이 되고, 낮은 곳은 물[水]이 되는데, 물 가운데 작은 것을 시내[川]라 하고, 물 가운데 큰 것을 강江이라 한다. 산 가운데 낮은 것을 언덕[丘]이라 하고, 산 가운데 높은 것을 등성이[岡]라 한다.

천하天下의 산 가운데 오악五嶽보다 큰 것이 없으니, 오악이란 태산泰山, 숭산崇山, 형산衡山, 항산恒山, 화산華山이다.

천하의 물 가운데 사해四海보다 큰 것이 없으니, 사해란 동해東海, 서해西海, 남해南海, 북해北海이다.

산과 바다의 기운氣運이 올라가 하늘의 기운과 서로 만나면 구름과 안개[雲霧]가 일어나고 비와 눈[雨雪]이 내리며, 서리와 이슬[霜露]이 되고 바람과 우레[風雷]가 생긴다.

더운 기운이 쪄서 뭉치면 뭉게뭉게 구름이 피어오르고 세차게 비가 내리며, 찬 기운이 모여서 엉기면 이슬이 맺혀 서리가 내리고 비가 얼어 눈이 된다.

그래서 봄과 여름에는 비와 이슬이 많고, 가을과 겨울에는 서리와 눈이 많으며, 변화變化를 헤아릴 수 없는 것은 바람과 우레이다.

옛날 성왕聖王이 들판을 구획區劃하고 땅을 나누어 나라를 세우고 도읍都邑을 세웠다.

온 천하에 수많은 나라가 있었는데, 한 나라 안에 각각 주州와 군郡을 설치設置하고, 주와 군 안을 각각 향鄕과 정井으로 나누었으며, 성곽城郭을 만들어 도적盜賊을 막고 궁실宮室을 만들어 사람들이 살게 하였다.

쟁기[耒]와 보습[耜]을 만들어 백성들에게 밭 갈고 곡식穀食 심는 법을 가르치고, 가마솥[釜]과 시루[甑]를 만들어 백성들에게 불로 음식飮食을 익혀 먹는 것을 가르치고, 배[舟]와 수레[車]를 만들어 길로 다닐 수 있게 하였다.

금金, 목木, 수水, 화火, 토土가 하늘에 있으면 오성五星이 되고, 땅에 있으면 오행五行이 된다.

쇠는 그릇을 만들고, 나무는 집을 만들고, 곡식은 흙에서 나와 물과 불을 사용하여 음식을 만드니, 사람들이 날마다 사용하는 물건은 이 오행 아닌 것이 없다.

오행五行은 본디 서로 조화調和를 이루어 낳는 작용, 즉 상생相生의 도리가 있다. 쇠는 물을 낳는 금생수金生水, 물은 나무를 낳는 수생목水生木, 나무는 불을 낳는 목생화木生火, 불은 흙을 낳는 화생토火生土, 흙은 쇠를 낳는 토생금土生金하며, 쇠는 다시 물을 낳는다. 오행이 상생하는 것은 끝이 없어서 사람들이 써도 다 없어지지 않는다.

오행은 또 서로 충돌衝突하여 이기는 작용, 즉 상극相克의 이치가 있다. 흙은 물을 이기는 토극수土克水, 물은 불을 이기는 수극화水克火, 불은 쇠를 이기는 화극금火克金, 쇠는 나무를 이기는 금극목金克木, 나무는 흙을 이기는 목극토木克土하며, 흙은 다시 물을 이긴다. 이러한 상극의 이치를 조종操縱하여 상생하는 물건을 이용하는 것은 사람의 공로功勞이다.

4. 만물편〔물편物篇〕

천지天地가 낳은 만물의 숫자가 수없이 많은데, 동물動物과 식물植物로 말하자면 초목草木, 금수禽獸, 벌레와 물고기[蟲魚] 등이 가장 분명하게 드러난 것들이다.

나는 것은 새[禽]가 되고, 달리는 것은 짐승[獸]이 되고, 비늘과 껍질이 있는 것은 벌레[蟲]와 물고기[魚]가 되며, 뿌리가 있고 심어진 것은 초목草木이 된다.

나는 새는 알[卵]을 낳아 날개로 품고, 달리는 짐승은 새끼를 배어 낳아 젖을 먹이며, 나는 새는 둥지에서 살고, 달리는 짐승은 굴속에서 산다. 벌레와 물고기 종류는 우화羽化하여 생겨난 것이 가장 많은데, 물과 습한 곳에서 많이 산다.

봄에 나서 가을에 죽는 것은 풀[草]이고, 가을이면 잎이 졌다가 봄에 다시 꽃이 피는 것은 나무[木]이다. 잎은 푸르고 꽃[花]은 오색五色이며, 뿌리가 깊은 것은 반드시 가지와 잎이 무성茂盛하고, 꽃이 있는 것은 반드시 열매[實]를 맺는다.

호랑이[虎], 표범[豹], 무소(코뿔소)[犀], 코끼리[象] 등은 산에 살고, 소[牛], 말[馬], 닭[鷄], 개[犬] 등은 집에서 기른다.

소는 밭을 갈고 땅을 개간開墾하며, 말은 사람이 타고 짐을 실으며, 개는 밤을 지키며, 닭은 새벽을 알린다.

무소에서는 그 뿔[角]을 취하고, 코끼리에서는 그 어금니[牙]를 취하고, 호랑이와 표범에서는 가죽[皮]을 취한다.

산과 숲에는 기를 수 없는 새와 짐승이 많고, 냇물과 연못에는 무익無益한 벌레와 물고기가 많다. 그러므로 사람들이 힘으로 죽이고 지혜智慧로 잡아서 어떤 것은 털[毛], 깃털[羽], 뼈[骨], 뿔[角]을 이용하고, 어떤 것은 제사祭祀와 손님에게 접대接待할 음식을 만드는 데 쓰이기도 한다.

달리는 짐승 가운데는 기린麒麟이 있고, 나는 새 가운데는 봉황鳳凰이 있으며, 벌레와 물고기 가운데는 신령神靈스런 거북[龜]이 있고, 나는 용龍이 있다. 이 네 가지 동물은 만물 가운데 신령스럽고 특이特異한 것이므로 간혹 성왕聖王이 다스리는 세상世上에 나오기도 한다.

벼[稻], 수수[粱], 기장[黍], 피[稷]는 제사의 제물祭物로 바치는 것이고, 팥[豆], 콩[菽], 보리[麰麥] 등의 곡식은 모두 사람의 생명生命을 길러주는 식물이다. 그러므로 백 가지 풀 중에 곡식이 가장 중요하다.

서리나 눈을 맞아도 시들지 않고 사시사철 항상 봄처럼 푸른 것은 소나무와 잣나무[松柏]이니, 모든 나무 가운데 소나무와 잣나무가 가장 귀貴하다.

배[梨], 밤[栗], 감[柹], 대추[棗] 등의 과일[果]은 맛이 좋지만, 그 향기가 짙기 때문에 과일은 귤橘과 유자柚子를 보배로 여긴다.

무[蘿蔔], 순무[蔓菁]와 여러 가지 오이[瓜] 종류의 채소[菜]는 종류가 많지만, 그 맛이 맵기 때문에 채소 중에는 겨자[芥]와 생강[薑]을 귀중貴重하게 여긴다.

물과 육지에 있는 초목草木의 꽃 가운데 사랑스러운 것이 매우 많은데, 진晉나라 은사隱士 도연명陶淵明은 국화[菊]를 사랑하였고, 송宋나라 성리학자性理學者 염계濂溪 주돈이周敦頤는 연꽃[蓮]을 사랑하였으며, 부귀富貴하고 번화繁華한 사람들은 대부분 모란[牧丹]을 사랑한다.

국화를 사랑한 도연명陶淵明

도연명은 은자隱者였기 때문에 사람들이 국화를 은자에 비유하고, 주돈이는 군자君子였기 때문에 사람들이 연꽃을 군자에 비유하며, 모란은 꽃 중에서 풍성豊盛하고 화려華麗하기 때문에 사람들이 화려하고 부귀富貴한 사람에 비유한다.

물건이 똑같지 않은 것이 곧 물건의 실정實情이다. 그러므로 8척인 심尋, 10척인 장丈, 10촌인 척尺, 약 3cm인 촌寸으로 물건의 길이를 재고, 16냥인 근斤, 약 37.5g인 냥兩, 6수銖인 치錙, 기장 알 100개의 무게인 수銖로 물건의 무게를 달고, 10되인 두斗, 10말인 곡斛, 10홉인 승升, 10말인 석石으로 물건의 양量을 헤아린다.

만물의 수數를 계산計算하는 데는 구구법九九法보다 편리한 것이 없으니, 구구법이란 9 곱하기 9로 81의 수이다.

5. 사람편〔인편人篇〕

사람은 만물의 영장靈長이니, 부모와 자식 사이에는 친함이 있는 부자유친父子有親, 임금과 신하 사이에는 의리가 있는 군신유의君臣有義, 남편과 아내 사이에는 분별이 있는 부부유별夫婦有別, 어른과 어린아이 사이에는 차례가 있는 장유유서長幼有序, 벗과 벗 사이에는 신의가 있는 붕우유신朋友有信 때문이다.

나를 낳아주신 분은 부모父母이고, 내가 낳은 자는 자녀子女이다. 아버지의 아버지는 할아버지[祖]이고, 아들의 아들은 손자孫子이고, 나와 부모가 같은 사람은 형제兄弟이고, 부모의 형제는 아저씨[叔]이고, 형제의 자녀는 조카[姪]이고, 아들의 아내는 며느리[婦]이며, 딸의 남편은 사위[婿]이다.

부부가 있은 뒤에 부자父子가 생기니 부부란 인간 도리의 시작이다. 그러므로 옛날의 성인聖人이 혼인婚姻의 예禮를 만들어 그 일을 중하게 한 것이다.

사람은 부모가 아니면 태어날 수 없고, 사람은 태어난 지 세 살이 된 뒤에야 부모의 품을 벗어난다. 그러므로 효도孝道를 극진히 하려면 부모님을 위해 수고로운 일을 행하여 죽을 때까지 부지런히 하며, 부모가 돌아가시면 3년상三年喪을 치러 낳아주고 길러주신 은혜에 보답해야 한다.

들에서 밭을 가는 자는 임금의 땅에서 농사지어 먹고, 조정朝廷에서 벼슬하는 자는 임금의 녹봉祿俸을 먹으니, 사람은 진실로 부모가 아니면 태어날 수 없고, 임금이 아니면 먹을 수 없다. 그러므로 신하가 임금 섬기기를 자식이 부모 섬기는 것처럼 하여 오직 의리義理가 있는 곳에는 목숨을 버리고 충성忠誠을 바쳐야 하는 것이다.

사람이 같은 또래에게도 서로 함부로 도度를 넘어서는 안 되는데, 더군다나 나보다 나이가 많고 나보다 벼슬이 귀하고 나보다 도덕이 높은 사람에게 있어서랴! 그러므로 고을에서는 나이 많은 자를 공경하고, 조정에서는 벼슬이 높은 자를 공경하며, 도道를 높이고 덕德을 공경하는 것이 예禮이다.

공자孔子의 제자인 증자曾子가 말하였다. "군자君子는 글로써 벗을 모으는 이문회우以文會友하고, 벗으로써 인仁을 배양培養하는 이우보인以友輔仁한다."

대개 사람이 허물이 없을 수는 없으나 친구 사이에는 선善을 권장勸奬하는 책선責善이 있다. 그러므로 사람이 덕성德性을 성취成就하는 데는 스승과 벗의 공로보다 더 큰 것이 없다. 그렇지만 벗에는 유익한 벗이 있고, 손해되는 벗도 있으니, 벗을 제대로 고르지 않을 수 없다.

부모의 혈기血氣를 함께 받아 태어난 것이 형제이다. 어렸을 때에 한 밥상에서 밥을 먹고, 한 이불을 덮으며 함께 부모의 은혜를 입은 사람은 또한 내 형제만 한 사람이 없다. 그러므로 부모를 사랑하는 사람이라면 반드시 형제를 사랑해야 한다.

일가친척一家親戚은 멀고 가까운 구분區分이 있으나 근본根本을 미루어 생각해보면 같은 선조先祖의 혈육血肉이니, 만일 일가친척끼리 서로 우애友愛하지 않으면 이는 그 근본을 잊는 것이다. 사람이 되어 근본을 잊으면 집안의 규범規範인 가도家道가 점점 쇠퇴衰退하게 될 것이다.

아버지는 사랑하고 자식은 효도孝道하며, 형은 우애하고 아우는 공경恭敬하며, 남편은 온화溫和하고 아내는 순종順從하며, 임금을 충성忠誠으로 섬기고 사람을 공손恭遜하게 대하며, 벗과 신의信義가 있고 일가친척에게 후厚하게 하면 덕德을 이룬 군자君子라 할 수 있다.

모든 사람의 타고난 본성本性은 애초에 착하지 않음이 없어서 부모를 사랑하고 형을 공경하며, 임금에게 충성하고 어른을 공경하는 도리가 모두 이미 내 마음속에 갖추어져 있다. 그러니 밖에서 찾아서는 안 되며, 오직 내가 그치지 않고 계속 힘써 행하는데 달려 있을 뿐이다.

사람은 학문學問이 아니면 참으로 무엇이 효도孝道이고 무엇이 충성忠誠이며, 무엇이 공경恭敬이고 무엇이 신의信義인지 알기 어렵다. 그러므로 반드시 책을 읽고, 이치理致를 연구硏究하여 옛사람에게서 훌륭한 점을 찾고, 내 마음에서 체험體驗하여 한 가지 선善을 얻어 힘써 그것을 행하면, 효孝, 제弟, 충忠, 신信의 일이 저절로 하늘이 정한 법칙에 들어맞지 않음이 없을 것이다.

몸과 마음을 다잡는 데는 구용九容보다 더 중요한 것이 없다. 구용이란, 발 모양은 신중히 하는 족용중足容重, 손 모양은 공손히 하는 수용공手容恭, 눈 모양은 바르게 하는 목용단目容端, 입 모양은 다무는 구용지口容止, 목소리는 조용하게 하는 성용정聲容靜, 머리 모양은 곧게 하는 두용직頭容直, 숨은 고요히 쉬는 기용숙氣容肅, 서 있는 모양은 덕스럽게 하는 입용덕立容德, 얼굴빛은 씩씩하게 하는 색용장色容莊이다.

학문을 진보進步시키고 지혜를 더하는 데는 구사九思보다 중요한 것이 없다. 구사란, 볼 때에는 밝게 볼 것을 생각하는 시사명視思明, 들을 때에는 귀 밝게 들을 것을 생각하는 청사총聽思聰, 안색은 온화하게 할 것을 생각하는 색사온色思溫, 모습은 공손하게 할 것을 생각하는 모사공貌思恭, 말할 때는 진실하게 할 것을 생각하는 언사충言思忠, 일할 때는 신중하게 할 것을 생각하는 사사경事思敬, 의심나는 것은 물을 것을 생각하는 의사문疑思問, 화가 날 때에는 차후에 어려움이 생길 것을 생각하는 분사난忿思難, 얻을 것을 보면 의리에 맞는가를 생각하는 견득사의見得思義이다.

명심보감 明心寶鑑

1. 선善을 행하여야〔계선편繼善篇〕

공자가 말하였다.

"선善한 일을 행하는 사람에게는	爲善者
하늘이 복福으로써 갚아주고,	天報之以福
불선不善한 일을 행하는 사람에게는	爲不善者
하늘이 재앙災殃으로써 갚아준다."	天報之以禍

촉한蜀漢 소열황제昭烈皇帝 유비劉備가 임종臨終하려 할 때에 뒤를 이을 아들인 유선劉禪에게 다음과 같이 경계警戒하였다.

"선善은 아무리 작더라도 반드시 행하고,	勿以善小而不爲
악惡은 아무리 작더라도 행하지 말라."	勿以惡小而爲之

장자莊子가 말하였다.

"하루라도 선한 일을 생각하지 않으면,	一日不念善
모든 악한 생각이 저절로 일어난다."	諸惡皆自起

강태공姜太公이 말하였다.

"선한 일을 보면 목마를 때 물을 본 듯이 하고,	見善如渴
악한 일을 들으면 귀먹은 것처럼 하라."	聞惡如聾

또 말하였다.

"선한 일은 모름지기 탐내어 행하고,	善事須貪

악한 일은 즐겨하지 말라." 惡事莫樂

후한後漢의 장수 마원馬援이 말하였다.

"평생平生 동안 선한 일을 행해도, 終身行善

선은 오히려 부족不足하고, 善猶不足

단 하루 동안 악한 일을 행해도, 一日行惡

악은 저절로 남음이 있다." 惡自有餘

북송北宋의 학자 사마광司馬光이 말하였다.

"돈을 모아서 자손子孫에게 물려주더라도, 積金以遺子孫

자손이 반드시 다 지키지는 못하고, 未必子孫能盡守

책을 모아서 자손에게 물려주더라도, 積書以遺子孫

자손이 반드시 다 읽지는 못한다. 未必子孫能盡讀

남모르는 가운데 음덕陰德을 쌓아, 不如積陰德於冥冥之中

자손을 위한 계책計策으로 삼느니만 못하다." 以爲子孫之計也

≪경행록景行錄≫에 말하였다.

"은혜와 의로운 일을 널리 베풀라. 恩義廣施

사람이 살다가 어디서든 만나지 않으랴? 人生何處不相逢

남과 원한怨恨을 맺지 말라. 讐怨莫結

좁은 길에서 만나면 피하기 어렵다." 路逢狹處難回避

장자莊子가 말하였다.

"나에게 선하게 하는 사람에게, 於我善者
나 역시 선하게 대해주고, 我亦善之
나에게 악하게 한 사람이라도, 於我惡者
나는 또한 선하게 대해주어야 한다. 我亦善之
내가 남에게 악하게 한 일이 없으면, 我旣於人無惡
남도 내게 악하게 하는 일이 없으리라." 人能於我無惡哉

≪동악성제수훈東嶽聖帝垂訓≫에 말하였다.

"하루 선한 일을 행하면, 一日行善
복福이 당장 이르지는 않으나, 福雖未至
화禍는 저절로 멀어진다. 禍自遠矣
하루 악한 일을 행하면, 一日行惡
화가 당장 이르지는 않으나, 禍雖未至
복은 저절로 멀어지게 된다. 福自遠矣
선한 일을 하는 사람은, 行善之人
봄 동산의 풀과 같아서, 如春園之草
그 자라는 것이 보이지는 않지만, 不見其長
나날이 조금씩 커진다. 日有所增
악한 일을 하는 사람은, 行惡之人
칼을 가는 숫돌과 같아서, 如磨刀之石
그 닳는 것이 보이지 않지만, 不見其損

나날이 조금씩 줄어든다." 日有所虧

공자孔子가 말하였다.
"선善을 보면 선에 미치지 못할 듯 여기고, 見善如不及
불선不善을 보면 끓는 물에 손을 넣는 듯 여겨라." 見不善如探湯

2. 천명天命을 두려워하여야〔천명편天命篇〕

맹자孟子가 말하였다.
"하늘의 명命을 따르는 사람은 살아남고, 順天者存
하늘의 명을 거스르는 사람은 망한다." 逆天者亡

북송北宋의 학자 소옹邵雍이 말하였다.
"하늘의 들으심이 고요하여 소리가 없으니, 天聽寂無音
아득한 저 푸른 하늘 어디에서 찾겠는가? 蒼蒼何處尋
높지도 않고 멀지도 않으니, 非高亦非遠
모두 사람의 마음속에 있다." 都只在人心

≪현제수훈玄帝垂訓≫에 말하였다.
"사람들이 사사로이 하는 말이라도, 人間私語
하늘은 우레 소리처럼 크게 들으며, 天聽若雷
어두운 방房에서 자기 마음을 속이더라도, 暗室欺心
귀신鬼神은 번개처럼 분명分明하게 본다." 神目如電

≪익지서益智書≫에 말하였다.

“악한 마음이 가득 차면, 惡鑵若滿
하늘이 반드시 죽인다.” 天必誅之

장자莊子가 말하였다.

“선하지 않은 일을 해서, 若人作不善
유명有名해진 사람은, 得顯名者
사람들이 해치지 않더라도, 人雖不害
하늘이 반드시 죽인다.” 天必戮之

“오이 심은 데 오이 나고, 種瓜得瓜
콩 심은 데 콩 난다. 種豆得豆
하늘의 그물이 크고 넓어서, 天網恢恢
엉성한 것 같지만 빠져나가지 못한다.” 疎而不漏

공자孔子가 말하였다.

“하늘에 죄罪를 지으면, 獲罪於天
빌 곳이 없다.” 無所禱也

3. 운명運命에 순응順應하여야〔순명편順命篇〕

공자孔子가 말하였다.

“죽고 사는 것은 명命에 달려 있고, 死生有命

부유富裕하고 귀貴한 것은 하늘에 달려 있다." 富貴在天

"모든 일은 분수分數가 이미 정해져 있건만, 萬事分已定
세상 사람들은 부질없이 스스로 바쁘다." 浮生空自忙

≪경행록景行錄≫에 말하였다.
"재앙災殃은 요행僥倖히 면할 수 없고, 禍不可以倖免
복福은 두 번 다시 구할 수 없다." 福不可以再求

등왕각滕王閣

"때를 만나 순풍順風이 불어 왕발王勃을 등왕각滕王閣으로 보내 주었고,* 時來風送滕王閣

운수運數가 쇠퇴하니 구양순歐陽詢의 천복비薦福碑에 벼락이 떨어졌다."** 運退雷轟薦福碑

* 왕발은 당나라의 시인으로, 순풍順風을 만나 하룻밤에 700리를 가서 등왕각의 연회에 참석하여, 〈등왕각서滕王閣序〉를 지음으로써 문명文名을 떨쳤다.

** 천복비薦福碑는 당나라의 서예가 구양순이 글씨를 썼다. 송나라 때 범중엄范仲淹이 지방 수령으로 있을 때 가난한 서생書生이 먹고살 길이 없다고 신세타령을 하자, 범중엄은 당시 하나에 천금千金이 나갔던 천복비 탁본을 떠서 팔아보라고 밑천을 대주었다. 그래서 그 서생이 종이와 먹을 마련했는데, 그날 밤 벼락이 쳐서 그 비석이 깨졌다고 한다.

열자列子가 말하였다.

"어리석고 귀먹고 벙어리라 하더라도 집이 호화豪華롭고 부유富裕해지기도 하고, 癡聾痼啞家豪富

지혜智慧 있고 총명聰明한 사람이라 하더라도 도리어 가난해지기도 한다. 智惠聰明却受貧

운수運數는 해와 달과 날과 시의 사주四柱가 모두 정해져 있으니, 年月日時該載定

따져보면 부귀는 운명에 달려 있는 것이지 사람에게 달려 있는 것이 아니다." 算來由命不由人

4. 부모님께 효도孝道하여야〔효행편孝行篇〕

≪시경詩經≫ 〈소아小雅 육아蓼莪〉에 말하였다.

"아버님 나를 낳으시고, 父兮生我
어머님 나를 기르셨으니, 母兮鞠我
아아, 애닯도다, 부모님이여! 哀哀父母
나를 낳아 기르시느라 수고하셨네. 生我劬勞
그 깊은 은혜 갚고자 하나, 欲報深恩
하늘처럼 끝이 없어라." 昊天罔極

공자孔子가 말하였다.
"효자孝子가 어버이를 섬길 때에, 孝子之事親也
평소平素 생활生活할 때에는 공경恭敬을 다하고, 居則致其敬
봉양奉養할 때에는 즐거움을 다하고, 養則致其樂
병病 드셨을 때에는 근심을 다하고, 病則致其憂
상喪을 당했을 때에는 슬픔을 다하며, 喪則致其哀
제사 지낼 때에는 엄숙嚴肅함을 다해야 한다." 祭則致其嚴

공자孔子가 말하였다.
"부모님께서 살아계시면, 父母在
멀리 가서 놀지 않으며, 不遠遊
놀 때에는 반드시 일정한 곳이 있어야 한다." 遊必有方

공자孔子가 말하였다.
"부모님께서 부르시면, 父命召

즉시 대답對答하고 머뭇거리지 말며, 唯而不諾

음식이 입에 있으면 뱉고 달려가야 한다." 食在口則吐之

강태공姜太公이 말하였다.

"어버이에게 효도하면, 孝於親

내 자식 또한 나에게 효도하겠지만, 子亦孝之

내가 불효한다면, 身旣不孝

내 자식이 어찌 나에게 효도하겠는가?" 子何孝焉

"부모에게 효도하고 순종한 사람은, 孝順

효도하고 순종하는 자식을 낳고, 還生孝順子

부모를 거역拒逆하는 사람은, 忤逆

거역하는 자식을 낳게 된다. 還生忤逆兒

이 말을 믿지 못하겠거든, 不信

저 처마 끝의 낙수落水물을 보라. 但看簷頭水

방울방울 떨어짐이 어긋남이 없다." 點點滴滴不差移

5. 자신自身을 바르게 하여야〔정기편正己篇〕

성리서性理書에 말하였다.

"남의 선한 점을 보거든 나에게도 그런 선한 점이 있는지 찾아 보고, 見人之善而尋己之善

남의 악한 점을 보거든 나에게도 그런 악한 점이 있는지 찾아

보라. 見人之惡而尋己之惡

이렇게 해야만 유익有益하다." 如此 方是有益

≪경행록景行錄≫에 말하였다.

"대장부大丈夫는 남을 용서容恕할지언정, 大丈夫當容人

남에게 용서받는 사람이 되어서는 안 된다." 無爲人所容

강태공姜太公이 말하였다.

"자신이 귀하다고 여겨 남을 천시賤視하지 말고, 勿以貴己而賤人

자기가 잘났다고 여겨 자기만 못한 사람을 업신여기지 말며, 勿以自大而蔑小

용맹勇猛을 믿고 적敵을 가볍게 여기지 말라." 勿以恃勇而輕敵

마원馬援이 말하였다.

"남의 허물을 듣거든, 聞人之過失

마치 부모의 이름을 듣는 것처럼 하여, 如聞父母之名

귀로는 들을지언정, 耳可得聞

입으로 말해서는 안 된다." 口不可言也

소옹邵雍이 말하였다.

"남이 자신을 비방誹謗하는 말을 들어도, 聞人之謗

성내는 일이 없어야 하고, 未嘗怒

남이 칭찬하는 말을 들어도, 聞人之譽
기뻐하는 일이 없어야 한다. 未嘗喜
남의 악행惡行을 들으면, 聞人之惡
그 말에 맞장구치지 말며, 未嘗和
남의 선행善行을 들으면, 聞人之善
나아가 어울리고, 則就而和之
또 따라 기뻐할지니라. 又從而喜之
무명공無名公의 시에 이렇게 썼다.
'선한 사람 보기를 즐겨하며, 樂見善人
선한 일 듣기를 즐겨하며, 樂聞善事
선한 말 말하기를 즐겨하며, 樂道善言
선한 뜻 행하기를 즐겨하라. 樂行善意
남의 악한 점을 들으면, 聞人之惡
가시를 등에 진 것같이 여기고, 如負芒刺
남의 선한 점을 들으면, 聞人之善
향초香草를 지닌 것같이 여기라.'" 如佩蘭蕙

"나의 좋은 점을 말해주는 사람은 곧 나를 해치는 적賊이고, 道吾善者是吾賊
나의 나쁜 점을 말해주는 사람은 곧 나를 가르치는 스승이다." 道吾惡者是吾師

강태공姜太公이 말하였다.

"부지런함은 값을 매길 수 없는 보배요, 勤爲無價之寶
신중愼重함은 자신을 보호保護하는 부적符籍이다." 愼是護身之符

≪경행록景行錄≫에 말하였다.

"삶을 보전하려는 자는 욕심慾心을 적게 해야 하고, 保生者寡慾
몸을 보전하려는 자는 명예名譽를 피해야 하는데, 保身者避名
욕심을 없애기는 쉬우나, 無慾易
명예를 바라지 않기는 어렵다." 無名難

공자孔子가 말하였다.

"군자에겐 세 가지 경계警戒해야 할 것이 있다. 君子有三戒
소년少年 시절에는 혈기血氣가 완전하지 않아, 少之時 血氣未定
여색女色을 경계해야 하고, 戒之在色
장성長成했을 때는 혈기가 강성强性하여, 及其長也 血氣方剛
남과 싸우는 일을 경계해야 하고, 戒之在鬪
노년老年에는 혈기가 쇠약衰弱하여, 及其老也 血氣旣衰
탐貪하려는 마음을 경계해야 한다." 戒之在得

〈손진인양생명孫眞人養生銘〉에 말하였다.

"심하게 성을 내면 특히 기운을 해치고, 怒甚偏傷氣
생각을 많이 하면 정신精神을 크게 손상損傷시킨다. 思多太損神

정신이 피로疲勞하면 마음이 부림을 당하기 쉽고, 神疲心易役
기운이 약하면 병이 서로 일어난다. 氣弱病相因
너무 심하게 슬퍼하거나 기뻐하지 말고, 勿使悲歡極
음식을 마땅히 고르게 먹고, 當令飮食均
재삼再三 밤에 술 취하는 것을 막고, 再三防夜醉
새벽에 성내는 것을 가장 경계하라." 第一戒晨嗔

≪경행록景行錄≫에 말하였다.
"음식이 담백淡白하면 정신이 상쾌爽快하고, 食淡精神爽
마음이 맑으면 꿈과 잠자리가 편안便安하다." 心淸夢寐安

"마음을 안정安靜시켜 일에 대응對應하면, 定心應物
비록 책을 읽지 않았더라도, 雖不讀書
덕德을 갖춘 군자라 할 수 있다." 可以爲有德君子

≪근사록近思錄≫에 말하였다.
"분노忿怒 억제抑制를 불을 끄듯이 하고, 懲忿如救火
욕심慾心 막기를 물을 막듯이 하라. 窒慾如防水

홍매洪邁의 ≪이견지夷堅志≫에 말하였다.
"여색女色 피하기를 원수怨讐 피하듯이 하고, 避色如避讐
바람 피하기를 화살 피하듯이 하라. 避風如避箭

빈속에는 차를 마시지 말아야 하고, 莫喫空心茶
밤중에는 밥을 적게 먹어야 한다." 少食中夜飯

순자荀子가 말하였다.
"쓸데없는 변론辯論과, 無用之辯
급하지 않은 일에 대한 관찰觀察은, 不急之察
버려두고 하지 말라." 棄而勿治

공자孔子가 말하였다.
"여러 사람이 좋아해도 반드시 살펴야 하며, 衆好之必察焉
여러 사람이 미워해도 반드시 살펴야 한다." 衆惡之必察焉

"취중醉中에 쓸데없는 말을 하지 않으면 참다운 군자요,
酒中不語眞君子
재물財物에 대하여 분명하면 대장부大丈夫이다." 財上分明大丈夫

"매사每事에 너그러우면, 萬事從寬
저절로 많은 복福을 받게 된다." 其福自厚

강태공姜太公이 말하였다.
"남을 비판批判하고자 하거든, 欲量他人
먼저 자기 스스로를 헤아려보라. 先須自量

남을 해치는 말은, 傷人之語
도리어 자신을 해치는 것이니, 還是自傷
마치 피를 머금어 남에게 뿜으려면, 含血噴人
먼저 자기 입부터 더러워지는 것과 같다. 先汚其口

"모든 희롱戲弄은 무익無益하고, 凡戲無益
오직 근면勤勉만이 효과效果가 있다." 惟勤有功

강태공姜太公이 말하였다.
"남의 참외밭을 지날 때는 짚신을 고쳐 신지 말고, 瓜田不納履
남의 오얏나무 아래에선 갓을 고쳐 쓰지 말라." 李下不整冠

≪경행록景行錄≫에 말하였다.
"마음은 편안히 할 수 있지만 육신肉身은 수고롭게 일하지 않으면 안 되고, 心可逸形不可不勞
도道는 즐거워할 수 있지만 몸은 고생苦生하지 않아서는 안 된다. 道可樂身不可不憂
육신이 수고롭지 않으면 게을러서 허물어지기 쉽고, 形不勞則怠惰易弊
몸이 고생하지 않으면 술과 여색女色에 빠져 안정安靜되지 못한다. 身不憂則荒淫不定
그러므로 마음의 평안平安함은 육신의 수고로움에서 생겨야 항

상恒常 기쁘고, 故逸生於勞而常休

도道의 즐거움은 근심에서 생겨야 싫증이 나지 않으니,

樂生於憂而無厭

마음이 편안하고 도를 즐거워하는 사람이 육신의 근심과 수고로움을 어찌 잊을 수 있겠는가?" 逸樂者憂勞其可忘乎

"귀로는 남의 험담險談을 듣지 말고, 耳不聞人之非

눈으로는 남의 단점短點을 보지 말며, 目不視人之短

입으로는 남의 허물을 말하지 말아야, 口不言人之過

군자君子에 가까운 사람이다." 庶幾君子

후한後漢의 학자 채옹蔡邕이 말하였다.

"기쁨과 노여움은 마음속에 있고, 喜怒在心

말은 입에서 나오니, 言出於口

말을 삼가지 않으면 안 된다." 不可不愼

공자의 제자 재여宰予가 낮잠을 자니, 공자가 꾸짖었다.

"썩은 나무는 조각彫刻할 수 없고, 朽木不可雕也

썩은 흙으로 쌓은 담은 흙손질할 수 없다." 糞土之墻不可圬也

≪자허원군성유심문紫虛元君誠諭心文≫에 말하였다.

"복福은 청렴淸廉과 검소儉素함에서 생기고, 福生於淸儉

덕德은 자신을 낮추고 겸손謙遜함에서 생기고, 德生於卑退
도道는 안정安靜함에서 생기고, 道生於安靜
생명生命은 화창和暢함에서 생기고, 命生於和暢
근심은 욕심慾心이 많은 데서 생기고, 患生於多慾
재앙災殃은 탐욕貪慾이 많은 데서 생기고, 禍生於多貪
과실過失은 경솔輕率하고 교만驕慢한 데서 생기며, 過生於輕慢
죄악罪惡은 어질지 못한 데서 생긴다. 罪生於不仁
눈을 조심하여 남의 잘못을 보지 말고, 戒眼莫看他非
입을 조심하여 남의 결점缺點을 말하지 말고, 戒口莫談他短
마음을 조심하여 스스로 탐내거나 성내지 말며, 戒心莫自貪嗔
몸을 경계하여 나쁜 벗을 따르지 말라. 戒身莫隨惡伴
무익無益한 말은 함부로 하지 말고, 無益之言莫妄說
나와 상관相關없는 일은 함부로 하지 말며, 不干己事莫妄爲
임금을 높이고 부모에게 효도하며, 尊君王孝父母
어른을 존경尊敬하고 덕이 있는 사람을 받들며, 敬尊長奉有德
현명함과 어리석음 분별하고 무식함을 이해하라. 別賢愚恕無識
일이 순리順理대로 오면 막지 말고, 物順來而勿拒
일이 이미 지나갔으면 생각하지 말라. 物旣去而勿追
때를 만나지 못했다면 기대하지 말고, 身未遇而勿望
일이 이미 지나갔거든 생각하지 말라. 事已過而勿思
총명聰明한 사람도 어두운 때가 많고, 聰明多暗昧
헤아려놓았어도 마땅함을 잃을 때가 있다. 算計失便宜

남을 손상시키면 끝내는 자신도 손실당할 것이요, 損人終自失
세력勢力에 의존依存하면 재앙災殃이 서로 따른다. 依勢禍相隨
경계하는 것은 마음에 달려 있고, 戒之在心
지키는 것은 기운氣運에 달려 있다. 守之在氣
절약節約하지 않기 때문에 집안을 망치고, 爲不節而亡家
청렴淸廉하지 않기 때문에 지위地位를 잃는다. 因不廉而失位
그대에게 평생 스스로 경계할 바를 권하니, 勸君自警於平生
탄식할 만하고 놀랄 만하고 두려워할 만하다. 可歎可驚而可畏
위에는 하늘의 거울이 그대를 굽어보고, 上臨之以天鑑
아래에는 땅의 신령神靈이 그대를 살핀다. 下察之以地祇
밝은 곳에는 나라의 법法이 이어져 있고, 明有王法相繼
어두운 곳에는 귀신이 서로 따르고 있다. 暗有鬼神相隨
오직 바른 것을 지켜야 하고, 惟正可守
마음을 속여서는 안 되니, 心不可欺
이 점을 경계하고 또 경계하라." 戒之戒之

6. 자기의 분수分數를 지켜야〔안분편安分篇〕

≪경행록景行錄≫에 말하였다.
"만족滿足할 줄 알면 즐거울 수 있고, 知足可樂
탐욕貪慾을 채우려 하면 근심하게 된다." 務貪則憂

"만족할 줄 아는 사람은, 知足者

가난하고 천해도 즐겁고, 貧賤亦樂
만족할 줄 모르는 사람은, 不知足者
부유富裕하고 귀貴해도 근심한다. 富貴亦憂

"지나친 생각은 한갓 정신을 해칠 뿐이요, 濫想徒傷神
망령妄靈된 행동行動은 도리어 재앙災殃을 부른다." 妄動反致禍

"만족할 줄 알아서 늘 만족하면, 知足常足
죽을 때까지 욕辱을 당하지 않고, 終身不辱
그칠 줄 알아 언제나 그쳐야 할 곳에 그치면, 知止常止
죽을 때까지 부끄러움이 없을 것이다." 終身無恥

≪서경書經≫ 〈대우모大禹謨〉에 말하였다.
"자만自滿은 손해損害를 부르고, 滿招損
겸손謙遜하면 이익利益을 얻는다." 謙受益

〈안분음安分吟〉에 말하였다.
"분수分數에 편안便安하면 몸에 욕됨이 없고, 安分身無辱
기미機微를 알면 마음이 저절로 한가閑暇하니, 知幾心自閑
비록 인간 세상에 살더라도, 雖居人世上
도리어 인간 세상을 벗어난 것이다." 却是出人間

공자孔子가 말하였다.

"그 지위地位에 있지 않으면, 不在其位
그 정사政事를 도모圖謀하지 말아야 한다." 不謀其政

7. 마음을 보존保存하여야〔존심편存心篇〕

≪경행록景行錄≫에 말하였다.

"밀실密室에 앉아 있어도, 坐密室
마치 네거리에 앉아 있는 것처럼 조심하고, 如通衢
마음 제어制御하기를, 馭寸心
마치 여섯 필의 말을 부리듯이 하면, 如六馬
허물을 면할 수 있다." 可免過

소옹邵雍의 〈격양시擊壤詩〉에 말하였다.

"부귀富貴를 지혜智慧와 힘으로 구할 수 있다면, 富貴如將智力求
공자孔子는 젊어서 제후諸侯에 봉해졌으리. 仲尼年少合封侯
세상 사람들 푸른 하늘의 뜻 알지 못해, 世人不解靑天意
공연히 몸과 마음 한밤까지 근심케 하네." 空使身心半夜愁

북송北宋의 재상 범순인范純仁이 자제子弟를 경계하여 말하였다.

"아무리 어리석은 사람이라도, 人雖至愚
남의 잘못을 꾸짖을 때는 총명해지고, 責人則明
아무리 총명한 사람이라도, 雖有聰明

자기를 용서할 때는 어리석은 사람이 된다. 恕己則昏

너희들은 항상 남의 잘못을 꾸짖는 마음으로 자신의 잘못을 꾸짖고, 爾曹但常以責人之心責己

자신의 잘못을 용서하는 마음으로 남의 잘못을 용서한다면, 恕己之心恕人

성현聖賢의 경지境地에 이르지 못할까 걱정하지 않아도 된다." 則不患不到聖賢地位也

공자孔子가 말하였다.

"총명하고 지혜롭더라도, 聰明思睿

어리석음으로써 자신을 지키고, 守之以愚

공功이 천하를 뒤덮을 만하더라도, 功被天下

겸양謙讓으로써 자신을 지키고, 守之以讓

용맹勇猛이 세상에 떨칠 만하더라도, 勇力振世

겁怯냄으로써 자신을 지키고, 守之以怯

부유富裕함이 온 천하를 다 차지했더라도, 富有四海

겸손謙遜으로써 자신을 지켜야 한다." 守之以謙

한漢나라 황석공黃石公의 ≪소서素書≫에 말하였다.

"적게 베풀고 많이 받으려고 하는 사람은 보답報答을 받지 못하고, 薄施厚望者不報

몸이 귀해지고 나서 미천微賤했던 때를 잊는 사람은 오래가지

못한다." 貴而忘賤者不久

"은혜를 베풀었거든 보답을 바라지 말고, 施恩勿求報
남에게 주었거든 후회後悔하지 말라." 與人勿追悔

당唐나라의 명의名醫 손사막孫思邈이 말하였다.
"담력膽力은 크게 하고자 하되 마음은 조심操心하고자 하고, 膽欲大而心欲小
지혜는 원만圓滿하게 하고자 하되 행동은 방정方正하게 해야 한다." 智欲圓而行欲方

"생각마다 싸움을 앞두고 있는 날처럼 두려워해야 하고, 念念要如臨戰日
마음마다 늘 외나무다리를 건널 때처럼 조심해야 한다." 心心常似過橋時

"법法을 두려워하면 아침마다 즐겁고, 懼法朝朝樂
공적公的인 일을 속이면 날마다 근심한다." 欺公日日憂

주희朱熹의 〈경재잠敬齋箴〉에 말하였다.
"말 조심하기를 병甁 막듯이 하고, 守口如甁
나쁜 뜻 막기를 성城 지키듯이 하라." 防意如城

"마음으로 남을 저버리지 않으면, 心不負人
얼굴에 부끄러운 빛이 없다." 面無慙色

"사람은 백세百歲를 사는 이가 없건만, 人無百歲人
부질없이 천년千年의 계획計劃을 세운다." 枉作千年計

북송北宋의 재상 구준寇準의 〈육회명六悔銘〉에 말하였다.

"관원官員은 사욕私慾을 위해 부정不正을 저지르면 벼슬을 잃었을 때에 뉘우치게 되고, 官行私曲失時悔

부자富者는 절약節約하지 않으면 가난해졌을 때에 뉘우치게 되고, 富不儉用貧時悔

재주는 어렸을 때 배우지 않으면 때가 지났을 때에 뉘우치게 되고, 藝不少學過時悔

일을 보고도 배우지 않으면 필요할 때에 뉘우치게 되고, 見事不學用時悔

술에 취해 말을 함부로 내뱉으면 깨었을 때에 뉘우치게 되며, 醉後狂言醒時悔

몸이 편안할 때 조심하지 않으면 병들었을 때에 뉘우치게 된다." 安不將息病時悔

≪익지서益智書≫에 말하였다.

"아무 탈 없이 집이 가난한 것이, 寧無事而家貧

탈이 있으면서 집이 부유한 것보다 낫고, 莫有事而家富
아무 탈 없이 초가집에 사는 것이, 寧無事而住茅屋
탈이 있으면서 좋은 집에 사는 것보다 낫고, 不有事而住金屋
아무 병 없이 거친 밥을 먹는 것이, 寧無病而食麤飯
병이 있으면서 좋은 약을 먹는 것보다 낫다." 不有病而服良藥

"마음이 편안하면 초가집도 편안하고, 心安茅屋穩
성품이 안정되면 나물국도 향기롭다." 性定菜羹香

≪경행록景行錄≫에 말하였다.
"남을 꾸짖는 자는, 責人者
남과 교제交際가 온전穩全하지 못하고, 不全交
자기 잘못을 용서하는 자는, 自恕者
잘못을 고치지 못한다." 不改過

"아침 일찍 일어나고 밤늦게 자서, 夙興夜寐
충성忠誠과 효도孝道를 생각하는 자는, 所思忠孝者
사람들은 알아주지 않더라도, 人不知
하늘은 반드시 안다. 天必知之
배부르게 먹고 따뜻하게 입고서, 飽食煖衣
제 몸만 위하는 자는, 怡然自衛者
자신은 비록 편안하지만, 身雖安

그 자손은 어찌하겠는가?" 其如子孫何

"처자식妻子息을 사랑하는 마음으로 어버이를 섬긴다면 그 효도를 극진極盡히 할 것이요, 以愛妻子之心事親則曲盡其孝

부귀를 보전保全하려는 마음으로 임금을 받든다면 어디를 가나 충성하지 않음이 없을 것이요, 以保富貴之心奉君則無往不忠

남을 책망責望하는 마음으로 자신을 책망하면 허물이 적을 것이요, 以責人之心責己則寡過

자신을 용서하는 마음으로 남을 용서한다면 사귐을 온전히 할 수 있을 것이다." 以恕己之心恕人則全交

"네 계획이 좋지 못하면, 爾謀不臧

후회한들 무슨 소용이 있겠으며, 悔之何及

네 소견所見이 훌륭하지 못하면, 爾見不長

가르친들 무슨 도움이 있겠는가? 教之何益

오로지 이익만 생각하면 도리道理를 어기게 되고, 利心專則背道

사욕私慾이 강하면 공의公義를 멸하게 된다.' 私意確則滅公

"일을 만들면 일이 생기고, 生事事生

일을 덜면 일이 줄어든다." 省事事省

8. 성품性品을 경계警戒하여야〔계성편戒性篇〕

≪경행록景行錄≫에 말하였다.

"사람의 성품性品은 물과 같아서, 人性如水
물은 한번 엎질러지면 다시 담을 수 없듯, 水一傾則不可復
성품은 한번 방종放縱해지면 돌아오지 못하니, 性一縱則不可反
물을 막으려는 자는 반드시 제방堤防으로 하고, 制水者必以堤防
성품을 제어制御하려는 자는 반드시 예법禮法으로 해야 한다." 制性者必以禮法

"한때의 분忿을 참으면, 忍一時之忿
백 일의 근심을 면할 수 있다." 免百日之憂

"참을 수 있으면 우선于先 참고, 得忍且忍
경계할 수 있으면 우선 경계하라. 得戒且戒
참지 않고 경계하지 않으면 不忍不戒
작은 일이 크게 된다." 小事成大

"어리석고 똑똑하지 못한 자가 성을 내는 것은 愚濁生嗔怒
다 이치를 알지 못하기 때문이다. 皆因理不通
성낼 말을 들었거든 마음에 화를 더하지 말고, 休添心上火
그저 귓전을 스치는 바람결로 여겨라. 只作耳邊風
장점長點과 단점短點은 집집마다 있고, 長短家家有

염량세태炎凉世態는 어느 곳이나 같다. 炎凉處處同
시비是非는 본래 실상實相이 없어서, 是非無實相
마침내는 모두 헛것이 되고 만다." 究竟摠成空

자장子張이 떠나려고 공자孔子에게 하직下直하면서 말하였다.

"몸을 수양修養하는 데에 가장 아름다운 것을 말씀해주시기 바랍니다."

공자가 말하였다.

"모든 행실의 근본은 참는 것이 으뜸이다." 百行之本 忍之爲上

자장이 물었다.

"어찌하여 참습니까?"

공자가 말하였다.

"천자天子가 참으면 나라에 해害가 없고, 天子忍之國無害
제후諸侯가 참으면 큰 나라를 이룩하고, 諸侯忍之成其大
벼슬아치가 참으면 지위地位가 올라가고, 官吏忍之進其位
형제兄弟 사이에 참으면 집안이 부귀해지고, 兄弟忍之家富貴
부부夫婦 사이에 참으면 일생一生을 함께 마칠 수 있고, 夫妻忍之終其世
친구親舊 사이에 참으면 명성名聲이 사라지지 않으며, 朋友忍之名不廢
자신自身이 참으면 재앙災殃을 당하지 않는다." 自身忍之無禍害

자장이 말하였다.

"참지 않으면 어떻게 됩니까?"

공자가 말하였다.

"천자가 참지 않으면 나라가 텅 비고, 天子不忍國空虛

제후가 참지 않으면 그 몸을 잃고, 諸侯不忍喪其軀

벼슬아치가 참지 않으면 형벌刑罰로 죽고, 官吏不忍刑法誅

형제가 참지 않으면 각각 헤어져서 살고, 兄弟不忍各分居

부부가 참지 않으면 자식을 외롭게 하고, 夫妻不忍令子孤

친구가 참지 않으면 정의情意가 소원疎遠해지며, 朋友不忍情意疎

자신이 참지 않으면 화를 덜 수 없다." 自身不忍患不除

자장이 말하였다.

"참으로 좋은 말씀입니다. 善哉善哉

참는 것이 어렵고도 어렵습니다. 難忍難忍

사람이 아니면 참지 못하고, 非人不忍

참지 못하면 사람이 아닐 것입니다." 不忍非人

≪경행록景行錄≫에 말하였다.

"자기를 굽히는 자는, 屈己者

중요重要한 지위地位에 있을 수 있고, 能處重

남을 이기기 좋아하는 자는, 好勝者

반드시 적을 만난다." 必遇敵

"악한 사람이 선한 사람을 꾸짖거든, 惡人罵善人
선한 사람은 모두 대꾸하지 말라. 善人摠不對
대꾸하지 않는 사람은 마음이 한가롭고, 不對心淸閑
꾸짖는 자는 입이 뜨겁게 끓는다. 罵者口熱沸
이는 마치 사람이 하늘에 침을 뱉으면, 正如人唾天
도로 자기 몸에 떨어지는 것과 같다." 還從己身墜

"내가 만약 남에게 꾸짖음을 당하더라도, 我若被人罵
귀먹은 체하고 시비是非를 가리지 말라. 佯聾不分說
비유比喩하자면 불이 허공虛空에서 타다가, 譬如火燒空
끄지 않아도 저절로 꺼지는 것과 같다. 不救自然滅
내 마음은 허공과 같은데, 我心等虛空
네 입술과 혀만 쉬지 않고 나불거릴 뿐이다." 摠爾飜脣舌

"매사每事에 인정人情을 두면, 凡事留人情
뒷날 만날 때 서로 좋은 얼굴로 보게 된다." 後來好相見

9. 부지런히 배워야〔근학편勤學篇〕

자하子夏가 말하였다.
"배우기를 널리 하고 뜻을 돈독敦篤히 하며, 博學而篤志
묻기를 간절懇切하게 하고 자기 몸에 견주어서 생각한다면,
切問而近思

어짊이 그 가운데 있다." 仁在其中矣

장자莊子가 말하였다.
"사람이 배우지 않는 것은, 人之不學
하늘에 오르려는데 재주가 없는 것과 같고, 如登天而無術
배워서 지혜가 원대遠大해지면, 學而智遠
상서祥瑞로운 구름 헤치고 푸른 하늘을 보는 것과 같으며, 如披祥雲而覩青天
산에 올라가 사해四海 바라보는 것과 같다." 登高山而望四海

≪예기禮記≫ 〈학기學記〉에 말하였다.
"옥玉은 다듬지 않으면 기물器物이 되지 못하고, 玉不琢不成器
사람은 배우지 않으면 도의道義를 알지 못한다." 人不學不知道

강태공姜太公이 말하였다.
"사람이 배우지 않으면, 人生不學
캄캄하기가 마치 밤길을 가는 것과 같다." 冥冥如夜行

당唐나라의 학자 한유韓愈가 말하였다.
"사람이 고금古今의 일을 통달通達하지 못하면, 人不通古今
마소에게 옷을 입혀놓은 것과 같다." 馬牛而襟裾

주희朱熹가 말하였다.

“집이 가난하더라도, 家若貧

가난 때문에 배움을 포기抛棄해서는 안 되고, 不可因貧而廢學

집이 부유하더라도, 家若富

부유함을 믿고 배움을 게을리 해서는 안 된다. 不可恃富而怠學

가난한 자가 부지런히 배우면, 貧若勤學

입신출세立身出世할 수 있을 것이요, 可以立身

부유한 자가 부지런히 배우면, 富若勤學

이름이 더욱 빛날 것이다. 名乃光榮

오직 배운 자가 현달顯達하는 것은 보았고, 惟見學者顯達

배운 자가 성취成就 못하는 것은 못 보았다. 不見學者無成

배움은 몸의 보배요, 學者乃身之寶

배운 사람은 세상의 보배이다. 學者乃世之珍

이 때문에 배우면 군자君子가 되고, 是故學則乃爲君子

배우지 않으면 소인小人이 되니, 不學則爲小人

후세後世에 배우는 자는 각자 힘써야 한다.” 後之學者宜各勉之

송宋나라 휘종황제徽宗皇帝가 말하였다.

“배운 사람은 좋은 곡식과 벼 같고, 學者如禾如稻

배우지 않은 사람은 쑥대와 잡초 같다. 不學者如蒿如草

아아, 곡식과 벼여! 如禾如稻兮

나라의 좋은 양식糧食이요, 國之精糧

이 세상世上의 큰 보배이다. 世之大寶

쑥대와 잡초여! 如蒿如草兮

농부農夫가 미워하고, 耕者憎嫌

김매는 자가 괴로워한다. 鋤者煩惱

후일後日 담을 마주 대한 듯 캄캄할 적에, 他日面墻

못 배움 뉘우친들 그땐 이미 늙어버린 뒤이다." 悔之已老

≪논어論語≫ 〈태백泰伯〉에 말하였다.

"배움을 미치지 못할 듯이 하고, 學如不及

오히려 때를 놓칠까 두려워해야 한다." 猶恐失之

10. 자식子息을 가르쳐야〔훈자편訓子篇〕

≪경행록景行錄≫에 말하였다.

"손님이 오지 않으면 가문家門이 비속卑俗해지고, 賓客不來門戶俗

≪시경詩經≫과 ≪서경書經≫을 가르치지 않으면 자손子孫이 어리석어진다." 詩書無教子孫愚

장자莊子가 말하였다.

"아무리 작은 일이라도, 事雖小

하지 않으면 이루어지지 않고, 不作不成

자식이 어질더라도, 子雖賢

가르치지 않으면 현명賢明해지지 못한다." 不教不明

≪한서漢書≫ 〈위현전韋賢傳〉에 말하였다.

"상자에 황금黃金이 가득한 것이, 黃金滿籯

자식에게 경서經書 하나 가르치느니만 못하고, 不如教子一經

자식에게 천금千金을 물려주는 것이, 賜子千金

자식에게 기술技術 하나 가르치느니만 못하다." 不如教子一藝

"지극至極한 즐거움으로는 책을 읽는 것만 한 것이 없고, 至樂莫如讀書

지극히 중요重要한 것으로는 자식을 가르치는 것만 한 것이 없다." 至要莫如教子

송宋나라의 학자 여희철呂希哲이 말하였다.

"집안에 어진 어버이와 형이 없고, 內無賢父兄

집 밖에 엄한 스승과 벗이 없으면서, 外無嚴師友

성공成功하는 자는 드물다." 而能有成者鮮矣

강태공姜太公이 말하였다.

"남자男子 아이를 어릴 때 가르치지 않으면, 男子失教

자라서 반드시 미련하고 어리석어지며, 長必頑愚

여자女子 아이를 어릴 때 가르치지 않으면, 女子失教

자라서 반드시 거칠고 솜씨가 없게 된다." 長必麤疎

"남자 아이가 장성하거든, 男年長大
풍악風樂과 술을 익히지 말도록 하고, 莫習樂酒
여자 아이가 장성하거든, 女年長大
제멋대로 놀러 다니지 말도록 하라." 莫令遊走

"엄격嚴格한 아버지는 효자孝子를 길러내고, 嚴父出孝子
엄격한 어머니는 효녀孝女를 길러낸다." 嚴母出孝女

"아이를 사랑하거든 매를 많이 때리고, 憐兒多與棒
아이를 미워하거든 먹을 것을 많이 주라." 憎兒多與食

"남들은 모두 귀중한 구슬을 사랑하지만, 人皆愛珠玉
나는 자손이 어진 것을 사랑한다." 我愛子孫賢

11. 자신自身의 마음을 살펴야 상편〔성심편省心篇 상上〕

≪경행록景行錄≫에 말하였다.
"보배로운 재물은 쓰면 다할 날이 있지만, 寶貨用之有盡
충성과 효도는 아무리 써도 다하지 않는다." 忠孝享之無窮

"집안이 화목和睦하면 가난해도 괜찮지만, 家和貧也好
정의情誼가 좋지 않으면 부유한들 무엇하랴! 不義富如何
단 하나라도 효도하는 자식을 두어야지, 但存一子孝
불효하는 여러 자손이 무슨 소용所用이랴!" 何用子孫多

"아버지에게 근심이 없는 것은 자식이 효도하기 때문이요,

父不憂心因子孝

남편에게 고민苦悶이 없는 것은 아내가 현명하기 때문이다.

夫無煩惱是妻賢

말이 많고 말을 실수失手하는 것은 모두 술 때문이요,

言多語失皆因酒

의리義理가 끊어지고 친한 사람이 멀어지는 것은 단지 돈 때문이다." 義斷親疎只爲錢

"이미 예사例事롭지 않은 즐거움을 누렸으면, 旣取非常樂
반드시 헤아릴 수 없는 근심을 대비對備하라." 須防不測憂

"영예榮譽를 얻으면 욕됨을 생각하고, 得寵思辱
편안便安함을 누리면 위태危殆할 것을 생각하라." 居安慮危

"영화榮華가 가벼우면 욕됨도 얕고, 榮輕辱淺
이익利益이 무거우면 해害도 깊다." 利重害深

"심히 아끼면 반드시 심하게 허비虛費하고, 甚愛必甚費
심히 칭찬받으면 반드시 심히 비방誹謗을 받고, 甚譽必甚毁
기쁨이 크면 반드시 근심도 크며, 甚喜必甚憂
재물을 많이 보관保管하면 반드시 많이 잃는다." 甚藏必甚亡

공자孔子가 말하였다.

"높은 낭떠러지를 보지 않으면,	不觀高崖
어찌 굴러 떨어지는 근심을 알고,	何以知顚墜之患
깊은 샘 가까이 가보지 않으면,	不臨深泉
어찌 물에 빠져죽는 근심을 알며,	何以知沒溺之患
큰 바다를 보지 않으면,	不觀巨海
어찌 풍파風波의 무서움을 알겠는가?"	何以知風波之患

"미래未來를 알고자 하면,	欲知未來
먼저 이미 지나간 일을 살펴야 한다."	先察已然

공자孔子가 말하였다.

"밝은 거울은 얼굴을 살피는 도구道具요,	明鏡所以察形
지나간 일은 현재現在를 아는 도구이다."	往古所以知今

"과거의 일은 거울처럼 밝게 알 수 있고,	過去事明如鏡
미래의 일은 칠흑漆黑처럼 어두워 알 수 없다."	未來事暗似漆

≪경행록景行錄≫에 말하였다.

"내일來日 아침의 일을,	明朝之事
저녁때에 장담하지 못하고,	薄暮不可必
저녁때의 일을,	薄暮之事

해질 무렵에 장담壯談하지 못한다." 晡時不可必

"하늘엔 예측豫測하기 어려운 바람과 비가 있고, 天有不測風雨
사람에겐 아침저녁으로 화禍와 복福이 있다." 人有朝夕禍福

"죽어서 석 자 무덤 속으로 들어가기 전에는, 未歸三尺土
몸을 백 년 동안 보전하기 어렵고, 難保百年身
석 자 무덤 속에 들어가서는 已歸三尺土
무덤을 백 년 동안 보전하기 어렵다." 難保百年墳

≪경행록景行錄≫에 말하였다.
"나무를 잘 길러주면, 木有所養
뿌리가 견고하고 가지와 잎이 무성해서, 則根本固而枝葉茂
기둥과 들보감이 되며, 棟樑之材成
물을 잘 관리하면, 水有所養
샘의 근원根源이 세차고 물줄기가 멀리 나가서, 則泉源壯而流派長
관개灌漑의 이익이 넓으며, 灌漑之利博
사람을 잘 기르면, 人有所養
지기志氣가 크고 식견이 밝아져서, 則志氣大而識見明
충성스럽고 의로운 선비가 나오니, 忠義之士出
기르지 않을 수 있겠는가?" 可不養哉

"자신을 믿는 자는 남도 믿어서, 自信者人亦信之

오吳나라와 월越나라 같은 적국敵國 사이라도 형제처럼 될 수 있고, 吳越皆兄弟

자신을 의심疑心하는 자는 남도 의심해서, 自疑者人亦疑之

자기 외에는 모두 적국敵國이 된다." 身外皆敵國

"사람을 의심하거든 쓰지 말고, 疑人莫用

사람을 쓰거든 의심하지 말라." 用人勿疑

한漢나라 때 위맹韋孟의 〈풍간諷諫〉 시에 말하였다.

"물속의 고기와 하늘 높이 나는 기러기는, 水底魚天邊雁

아무리 높아도 쏘아 잡을 수 있고 아무리 깊어도 낚을 수 있거니와, 高可射兮低可釣

사람의 마음은 바로 지척간咫尺間에 있어도, 惟有人心咫尺間

지척간에 있는 사람의 마음은 헤아릴 수 없다." 咫尺人心不可料

"범을 그리더라도 껍데기는 그릴 수 있으나 뼈는 그리기 어렵고, 畫虎畫皮難畫骨

사람을 알더라도 얼굴은 알 수 있으나 마음은 알지 못한다." 知人知面不知心

"얼굴을 맞대고 함께 이야기하지만, 對面共話

마음은 천 개의 산을 사이에 두고 있다." 心隔千山

"바다는 마르면 마침내 밑바닥을 볼 수 있지만, 海枯終見底
사람은 죽어도 그 마음을 알지 못한다." 人死不知心

강태공姜太公이 말하였다.
"무릇 사람은 미리 점칠 수 없고, 凡人不可逆相
바닷물은 말[斗]로 헤아릴 수 없다." 海水不可斗量

≪경행록景行錄≫에 말하였다.
"남과 원수怨讐 맺는 것을, 結怨於人
재앙災殃의 씨를 심는다고 하고, 謂之種禍
선善을 버리고 하지 않는 것을, 捨善不爲
스스로를 해친다고 한다." 謂之自賊

"한쪽의 말만 들으면, 若聽一面說
서로 이별離別함을 보게 된다." 便見相離別

"배부르고 따뜻할 때엔 음욕淫慾이 생기고, 飽煖思淫慾
굶주리고 추울 때엔 도심道心이 생긴다." 飢寒發道心

한漢나라 때의 소광疏廣이 말하였다.

"어질면서 재물財物이 많으면, 賢而多財
뜻을 손상損傷시키고, 則損其志
어리석으면서 재물이 많으면, 愚而多財
허물을 더하게 된다." 則益其過

"사람이 가난하면 지혜가 짧아지고, 人貧智短
복福이 지극하면 마음이 신령神靈스러워진다." 福至心靈

"한 가지 일을 겪지 않으면, 不經一事
그만큼 한 가지 지혜가 자라지 않는다." 不長一智

"시비是非가 종일終日 있더라도, 是非終日有
듣지 않으면 저절로 없어진다." 不聽自然無

"내게 와서 시비를 말하는 자가, 來說是非者
바로 시비하는 사람이다." 便是是非人

소옹邵雍의 〈격양시擊壤詩〉에 말하였다.
"평소에 눈썹 찌푸릴 일을 하지 않으면, 平生不作皺眉事
세상에 이를 갈 사람이 없을 것이다. 世上應無切齒人
위대偉大한 이름을 어찌 딱딱한 돌에 새길 것이 있겠는가?
大名豈有鐫頑石

길 가는 사람들의 입에서 입으로 전하는 것이 비석碑石에 새기는 것보다 낫다." 路上行人口勝碑

"사향麝香이 있으면 저절로 향기香氣가 나니, 有麝自然香
어찌 굳이 바람을 향해 서겠는가?" 何必當風立

"복福이 있어도 다 누리지 말라. 有福莫享盡
복이 다하면 몸이 가난해질 것이다. 福盡身貧窮
권세權勢가 있어도 다 부리지 말라. 有勢莫使盡
권세가 다하면 원수와 서로 만나게 된다. 勢盡寃相逢
복을 누리면 항상恒常 스스로 아끼고, 福兮常自惜
권세를 누리면 항상 스스로 공손하라. 勢兮常自恭
인생人生의 교만驕慢과 사치奢侈는, 人生驕與侈
시작始作은 있으나 대부분大部分 끝이 없다." 有始多無終

북송北宋의 재상 왕단王旦의 〈사류명四留銘〉에 말하였다.
"재능才能을 다 쓰지 말고 남겼다가, 留有餘不盡之巧
조물주造物主에게 돌려주고, 以還造物
봉록俸祿을 다 쓰지 말고 남겼다가, 留有餘不盡之祿
조정朝廷에 돌려주고, 以還朝廷
재물財物을 다 쓰지 말고 남겼다가, 留有餘不盡之財
백성百姓에게 돌려주며, 以還百姓

복福을 다 쓰지 말고 남겼다가, 留有餘不盡之福
자손子孫에게 돌려주라." 以還子孫

"황금黃金 천 냥이 귀한 게 아니라, 黃金千兩未爲貴
남의 좋은 말 한마디 얻는 게 천금보다 낫다." 得人一語勝千金

"재주 있는 사람은 재주 없는 사람의 종이요, 巧者拙之奴
괴로움은 즐거움의 어머니이다." 苦者樂之母

"작은 배는 무거운 짐을 감당堪當하기 어렵고, 小船難堪重載
으슥한 길은 혼자 다니기에 마땅하지 않다." 深逕不宜獨行

"황금黃金이 귀한 것이 아니라, 黃金未是貴
안락安樂이 돈보다 값어치가 많다." 安樂値錢多

"집에 있을 때 손님 맞아 대접할 줄 모르면, 在家不會邀賓客
밖에 나가서야 주인 삼을 집이 적은 줄 안다." 出外方知少主人

"가난하면 번화繁華한 시장거리에 살더라도 서로 아는 사람이 없고, 貧居鬧市無相識
부유하면 깊은 산중山中에 살더라도 먼 곳에서 찾아오는 친구가 있다." 富住深山有遠親

"사람의 의리는 모두 가난으로부터 끊어지고, 人義盡從貧處斷
세상의 인정人情은 돈 있는 집으로 향한다." 世情便向有錢家

"밑 빠진 항아리는 막기 쉽지만, 寧塞無底缸
코 아래 가로놓인 입은 막기 어렵다." 難塞鼻下橫

"사람의 정情은 모두 가난한 속에서 멀어진다." 人情皆爲窘中疎

≪사기史記≫에 말하였다.
"하늘과 사당祠堂에 제사祭祀할 때에, 郊天禮廟
술이 아니면 제향祭享을 올리지 못하고, 非酒不享
군신간君臣間과 붕우간朋友間에, 君臣朋友
술이 아니면 정의情誼가 두터워지지 않으며, 非酒不義
싸움을 하고 서로 화해和解하는 것도, 鬪爭相和
술이 아니면 권勸하지 못한다. 非酒不勸
그러므로 술에 성공成功과 실패失敗가 있으니, 故酒有成敗
함부로 마셔서는 안 된다." 而不可泛飮之

공자孔子가 말하였다.
"선비가 도道에 뜻을 두었으면서, 士志於道
나쁜 옷과 나쁜 음식을 부끄러워하는 자는, 而恥惡衣惡食者
그와는 함께 도를 의논할 수 없다." 未足與議也

순자荀子가 말하였다.

"선비에게 질투嫉妬하는 벗이 있으면, 士有妬友
어진 벗과 사귀지 못하고, 則賢交不親
임금에게 질투하는 신하가 있으면, 君有妬臣
어진 사람이 오지 않는다." 則賢人不至

"하늘은 녹祿 없는 사람은 태어나게 하지 않고, 天不生無祿之人
땅은 이름 없는 풀을 기르지 않는다." 地不長無名之草

"큰 부자富者는 하늘에 달려 있지만, 大富由天
작은 부자는 부지런함에 달려 있다." 小富由勤

"집안을 일으킬 아이는, 成家之兒
거름을 금金처럼 귀貴하게 여기고, 惜糞如金
집안을 망칠 아이는, 敗家之兒
돈을 거름처럼 천賤하게 여긴다." 用金如糞

소옹邵雍이 말하였다.

"한가閑暇롭게 거처居處하면서 해害로울 게 없다고 말하지 말라. 閑居愼勿說無妨
해로울 게 없다고 말하자마자 곧 해로운 일이 생기리라. 纔說無妨便有妨

입에 맞는 음식도 많이 먹으면 병이 날 수 있고,

爽口物多能作疾

마음에 상쾌爽快한 일도 지나치면 반드시 재앙이 따르게 된다.

快心事過必有殃

병이 난 후에 약을 먹는 것보다는, 與其病後能服藥

병이 나기 전에 예방豫防하는 것이 낫다." 不若病前能自防

≪재동제군수훈梓潼帝君垂訓≫에 말하였다.

"아무리 신통神通한 약이라도 원한怨恨에 사무친 병은 치료治療하기 어렵고, 妙藥難醫冤債病

뜻밖에 생긴 재물은 운수運數가 궁색窮塞한 사람을 부자로 만들지 못한다. 橫財不富命窮人

일을 만들면 일이 많아지는 것을 그대는 원망怨望하지 말아야 하며, 生事事生君莫怨

남을 해치면 남이 그대를 해치는 것을 그대는 꾸짖지 말아야 한다. 害人人害汝休嗔

천지天地는 스스로 모두 갚음이 있기 마련이니, 天地自然皆有報

그 보답報答이 멀게는 자손에게 있고 가깝게는 자기에게 있다."

遠在兒孫近在身

"꽃은 떨어졌다가 다시 피고 피었다가 또 지며, 花落花開開又落

비단 옷 입다가 베옷 입고, 베옷 입다가 비단옷 입기도 한다.

錦衣布衣更換着

호화豪華롭게 사는 부잣집이라고 해서 언제나 부귀富貴한 것도 아니며, 豪家未必常富貴

가난하게 사는 집이라고 해서 장구長久하게 적적寂寂하고 쓸쓸하진 않다. 貧家未必長寂寞

사람을 부축해주어도 반드시 푸른 하늘에 오르지는 못하고, 扶人未必上青霄

사람을 밀어도 반드시 깊은 구렁에 떨어지진 않는다. 推人未必塡溝壑

그대에게 권하노니, 매사每事에 하늘을 원망怨望하지 말라. 勸君凡事莫怨天

하늘의 뜻은 사람에게 후厚하거나 박薄함이 없이 공평公平하다." 天意於人無厚薄

"사람의 마음이 뱀처럼 독함을 한탄할 만하니, 堪歎人心毒似蛇

누가 하늘의 눈[天眼]이 수레바퀴처럼 돌아가고 있음을 알겠는가? 誰知天眼轉如車

작년에 망령되이 동쪽 이웃집 물건을 취하더니, 去年妄取東隣物

오늘은 다시 북쪽 집으로 돌아가는구나. 今日還歸北舍家

옳지 못한 돈과 재물은 끓는 물에 뿌린 눈처럼 순식간瞬息間에 사라지고, 無義錢財湯潑雪

뜻밖에 얻은 전답田畓은 물살에 휩쓸리는 모래처럼 쓸려나간다. 儻來田地水推沙

만약 교활狡猾한 속임수로 삶의 계책計策을 삼는다면,
若將狡譎爲生計

아침에 피었다 저녁에 지는 꽃과 같다." 恰似朝開暮落花

"약藥으로도 재상宰相의 목숨을 고칠 수 없고, 無藥可醫卿相壽
돈으로도 자손의 어짊을 사기 어렵다." 有錢難買子孫賢

"하루 동안 마음이 깨끗하고 한가로우면, 一日淸閑
하루 동안 신선神仙이다." 一日仙

12. 자신自身의 마음을 살펴야 하편〔성심편省心篇 하下〕

〈진종황제어제眞宗皇帝御製〉에 말하였다.

"위태危殆로움을 알고 험險한 것을 알면, 知危識險
끝내 그물에 걸리는 일이 없을 것이요, 終無羅網之門
선한 사람을 등용登用하고 어진 사람을 천거薦擧하면, 擧善薦賢
몸을 편안히 하는 길이 저절로 생긴다. 自有安身之路
인仁을 베풀고 덕德을 폄은, 施仁布德
곧 대대代代로 영화榮華롭고 창성昌盛하게 하는 것이요,
乃世代之榮昌

시기猜忌하는 마음을 품고 원한怨恨을 갚음은, 懷妬報寃
자손에게 위태로움과 재앙을 끼치는 것이다. 與子孫之危患
남을 해쳐서 자기를 이롭게 하면, 損人利己

끝내 현달顯達하는 자손이 없을 것이요, 終無顯達雲仍
여러 사람을 해쳐서 집안을 이룬다면, 害衆成家
그 부귀가 어찌 오래 가겠는가? 豈有長久富貴
죄를 지어 이름을 고치고 형벌刑罰을 받음은, 改名異體
모두 교묘巧妙한 말로 말미암아 생겨나고, 皆因巧語而生
재앙이 일어나고 몸을 상傷하게 됨은, 禍起傷身
다 어질지 못함이 부르는 것이다." 皆是不仁之召

〈신종황제어제神宗皇帝御製〉에 말하였다.
"도리道理가 아닌 재물을 멀리하고, 遠非道之財
정도程度에 지나친 술을 경계할 것이며, 戒過度之酒
반드시 이웃을 가려서 살고, 居必擇隣
반드시 벗을 가려서 사귈 것이며, 交必擇友
질투嫉妬하는 마음을 일으키지 말고, 嫉妬勿起於心
남을 헐뜯는 말을 입에서 내지 말며, 讒言勿宣於口
가난한 동기간同氣間을 멀리하지 말고, 骨肉貧者莫疎
부유富裕한 타인他人을 후하게 대하지 말며, 他人富者莫厚
자신의 사욕私慾을 극복克復함은 근검勤儉을 첫째로 삼고, 克己以勤儉爲先
대중大衆을 사랑함은 겸손謙遜과 온화溫和함을 첫째로 삼으며, 愛衆以謙和爲首
언제나 지난날의 잘못을 생각하고, 常思已往之非

매양每樣 미래의 허물을 생각하라. 每念未來之咎
만약 짐朕의 이 말대로 한다면, 若依朕之斯言
나라와 집안을 오래 다스릴 수 있으리라." 治國家而可久

〈고종황제어제高宗皇帝御製〉에 말하였다.
"한 점 작은 불씨가, 一星之火
넓은 숲을 태울 수 있고, 能燒萬頃之薪
반 마디 그릇된 말이, 半句非言
평생의 덕德을 그르치고 손상損傷시킨다. 誤損平生之德
몸에 한 오라기의 실을 걸쳐도, 身被一縷
항상 베 짜는 여인女人의 노고를 생각하고, 常思織女之勞
하루 세 끼니의 밥을 먹어도, 日食三飧(飱)
늘 농부의 고통苦痛을 생각하라. 每念農夫之苦
구차苟且하게 탐내고 시기해서 남에게 손해 끼치면, 苟貪妬損
끝내 10년의 평안함도 누리지 못할 것이요, 終無十載安康
선善을 쌓고 인仁을 보존保存하면, 積善存仁
반드시 영화로운 후손後孫이 있으리라. 必有榮華後裔
복福은 선경善慶을 인연因緣하니, 福緣善慶
대부분 선행善行을 쌓는 것을 통해 생기고, 多因積行而生
성인聖人의 경지境地에 들어가고 범인凡人을 초월超越하는 것은, 入聖超凡
다 진실眞實함으로써 얻어지는 것이다." 盡是眞實而得

후한後漢의 왕량王良이 말하였다.

"그 임금이 어떤 사람인지 알고자 하면,	欲知其君
먼저 그 신하를 살펴보고,	先視其臣
그 사람이 어떤 사람인지 알고자 하면,	欲識其人
먼저 그 벗을 살펴보고,	先視其友
그 아비가 어떤 사람인지 알고자 하면,	欲知其父
먼저 그 자식을 살펴보라.	先視其子
임금이 성聖스러우면 그 신하가 충성忠誠스럽고,	君聖臣忠
아비가 인자仁慈하면 자식이 효도孝道한다."	父慈子孝

≪공자가어孔子家語≫에 말하였다.

"물이 너무 맑으면 고기가 없고,	水至清則無魚
사람이 지나치게 따지면 친구가 없다."	人至察則無徒

당唐나라의 허경종許敬宗이 말하였다.

"봄비는 초목을 윤택潤澤하게 하지만,	春雨如膏
길 가는 사람은 그 진창을 싫어하고,	行人惡其泥濘
가을달이 밝게 비치지만,	秋月揚輝
도둑은 그 밝음을 싫어한다."	盜者憎其照鑑

≪경행록景行錄≫에 말하였다.

"대장부大丈夫는,	大丈夫

선善을 밝게 보기 때문에 명분名分과 절의節義를 태산泰山보다 중히 여기고, 見善明 故重名節於泰山

마음 씀이 깨끗하기 때문에 죽고 사는 것을 기러기 털보다 가볍게 여긴다." 用心精 故輕死生於鴻毛

"남의 흉凶함을 민망히 여기고, 悶人之凶
남의 선善함을 즐거워하며, 樂人之善
남의 위급危急함을 구제하고, 濟人之急
남의 위태로움을 구제하여야 한다." 救人之危

"눈으로 직접 경험經驗한 일도, 經目之事
모두 다 진실眞實이 아닐까 두렵거늘, 恐未皆眞
등 뒤에서 하는 말을, 背後之言
어찌 깊이 믿을 수 있겠는가?" 豈足深信

"제 집 두레박 끈 짧은 것은 탓하지 않고, 不恨自家汲繩短
단지 남의 집 우물 깊은 것만 탓한다." 只恨他家苦井深

"부정不正하게 재물을 취하는 사람이 천하에 가득하지만, 贓濫滿天下
복福 없는 사람만 죄에 걸린다." 罪拘薄福人

“하늘이 정상正常적인 도를 잃으면, 天若改常
바람이 불지 않으면 비가 오고, 不風則雨
사람이 정상적인 도를 잃으면, 人若改常
병이 들지 않으면 죽는다.” 不病則死

〈장원시壯元詩〉에 말하였다.

“나라가 바르면 하늘의 마음도 순順하고, 國正天心順
벼슬아치가 청렴淸廉하면 백성이 저절로 편안하다. 官淸民自安
아내가 어질면 남편이 화禍를 당하는 일이 적고, 妻賢夫禍少
자식이 효도하면 부모의 마음이 너그러워진다. 子孝父心寬

공자孔子가 말하였다.

“나무는 먹줄을 따라 자르면 곧아지고, 木從繩則直
사람은 충고忠告를 받아들이면 성스러워진다.” 人受諫則聖

“한 줄기 푸른 산에 경치景致가 그윽하더니, 一派靑山景色幽
앞사람이 가꾸던 전답田畓을 뒷사람이 거두네! 前人田土後人收
뒷사람은 거두게 된 것을 기뻐하지 말라. 後人收得莫歡喜
다시 거둘 사람이 바로 뒤에 있다.” 更有收人在後頭

송宋나라의 학자 소식蘇軾이 말하였다.

“까닭 없이 천금을 얻는 것은, 無故而得千金

큰 복福이 있는 것이 아니라, 不有大福
반드시 큰 재앙이 있게 된다." 必有大禍

소옹邵雍이 말하였다.
"어떤 사람이 와서 '어떤 것이 화禍이고 어떤 것이 복福입니까?' 하고 묻기에 이렇게 대답對答하였다.
'내가 남을 해롭게 하면 이것이 화禍이고, 我虧人是禍
남이 나를 해롭게 하면 이것이 복福이다.'" 人虧我是福

"천 칸의 큰 집에 살더라도, 大廈千間
밤에는 여덟 자 방에서 자고, 夜臥八尺
좋은 밭 만 이랑이 있더라도, 良田萬頃
하루에 두 되만 먹는다." 日食二升

"남의 집에 오래 머물면 사람이 천해지고, 久住令人賤
자주 찾아오면 친하던 사이도 멀어진다. 頻來親也疎
사흘이나 닷새 만에 만나더라도, 但看三五日
처음 볼 때처럼 반갑지 않다." 相見不如初

"목마를 때 물 한 방울은 감로수甘露水 같고, 渴時一滴如甘露
취한 뒤의 술 한 잔은 없는 것만 못하다." 醉後添盃不如無

"술이 사람을 취하게 하는 것이 아니라 사람이 제 스스로 취하고, 酒不醉人人自醉

여색女色이 사람을 미혹迷惑시키는 것이 아니라 사람이 제 스스로 미혹되는 것이다." 色不迷人人自迷

"공公을 위하는 마음을 사私를 위하는 마음과 같게 한다면 무슨 일인들 되지 않겠으며, 公心若比私心 何事不辨

도道를 향하는 생각을 정념情念과 같게 한다면 성불成佛한 지 오래일 것이다." 道念若同情念 成佛多時

북송北宋이 학자 주돈이周敦頤의 〈졸부拙賦〉에 말하였다.

"재주 있는 사람은 말을 잘하고, 巧者言

재주 없는 사람은 침묵沈默하며, 拙者默

재주 있는 사람은 수고롭고, 巧者勞

재주 없는 사람은 한가閑暇하며, 拙者逸

재주 있는 사람은 남을 해치고, 巧者賊

재주 없는 사람은 덕德이 있으며, 拙者德

재주 있는 사람은 흉凶하고, 巧者凶

재주 없는 사람은 길吉하다. 拙者吉

아아! 천하 사람이 재주 없으면, 嗚呼 天下拙

형벌로 다스리는 정치政治가 없어져, 刑政撤

윗사람이 편안하고 아랫사람이 순종하며, 上安下順

풍속風俗이 맑아지고 폐단弊端이 없어질 것이다." 風淸弊絶

≪주역周易≫에 말하였다.

"덕德이 적으면서 지위地位가 높으며, 德微而位尊
지혜智慧가 작으면서 꾀함이 크면, 智小而謀大
화禍가 없는 자가 드물다." 無禍者鮮矣

≪설원說苑≫ 〈경신敬愼〉에 말하였다.

"관원은 지위가 높아지면 게을러지고, 官怠於宦成
병은 조금 나아지면 방심放心하다가 더 심해지며, 病加於小愈
재앙은 게으른 데서 생기고, 禍生於懈惰
효심孝心은 처자妻子 때문에 약해진다. 孝衰於妻子
이 네 가지를 살펴, 察此四者
끝까지 잘 삼가서 처음처럼 잘해야 한다." 愼終如始

"그릇은 가득 차면 넘치고, 器滿則溢
사람은 자만自滿하면 잃는다." 人滿則喪

"한 자 되는 큰 구슬이 보배가 아니요, 尺璧非寶
오직 촌음寸陰을 다투어 노력努力해야 한다." 寸陰是競

"양고기 국이 비록 맛있다고 하지만, 羊羹雖美

여러 사람의 입에 다 맞기는 어렵다." 衆口難調

≪익지서益智書≫에 말하였다.

"백옥白玉은 진흙 속에 던져져도, 白玉投於泥塗

그 빛을 더럽힐 수 없고, 不能汚穢其色

군자君子는 혼탁混濁한 곳에 갈지라도, 君子行於濁地

그 마음을 어지럽힐 수 없다. 不能染亂其心

그러므로 소나무와 잣나무는 눈과 서리를 잘 견디어낼 수 있고, 故松柏可以耐雪霜

현명賢明하고 지혜智慧로운 사람은 위태危殆로움과 어려움을 잘 견디어낼 수 있다." 明智可以涉危難

"산에 들어가 호랑이를 잡기는 쉬우나, 入山擒虎易

입을 열어 남에게 말하기는 어렵다." 開口告人難

"먼 곳의 물은 가까운 곳에서 난 불을 못 끄고, 遠水不救近火

먼 곳의 일가친척은 가까운 이웃만 못하다." 遠親不如近隣

강태공姜太公이 말하였다.

"해와 달이 비록 밝으나, 日月雖明

엎어놓은 동이 밑은 비추지 못하고, 不照覆盆之下

칼날이 비록 잘 들더라도, 刀刃雖快

죄 없는 사람은 베지 못하며, 不斬無罪之人
나쁜 재앙과 뜻밖의 화禍는, 非災橫禍
조심操心하는 집 문에는 들어가지 못한다." 不入愼家之門

강태공姜太公이 말하였다.
"좋은 밭 만 이랑이, 良田萬頃
하찮은 기술을 몸에 지니는 것만 못하다." 不如薄藝隨身

성리서性理書에 말하였다.
"남을 대하는 요점要點은, 接物之要
자기가 하고 싶지 않는 일을, 己所不欲
남에게 베풀지 말고, 勿施於人
행해도 이루어지지 않는 일이 있으면, 行有不得
자신에게 돌이켜 찾는 것이다." 反求諸己

"술과 여색女色, 재물과 객기客氣, 이 네 가지 울타리 안에, 酒色財氣四堵墻
수많은 어진 이와 어리석은 이가 갇혀 있다. 多少賢愚在內廂
만약 세상 사람 중에 누가 여기에서 뛰쳐나올 수 있다면, 若有世人跳得出
그것은 곧 신선神仙의 죽지 않는 방법方法이다." 便是神仙不死方

13. 가르치는 법을 세워야〔입교편立教篇〕

공자孔子가 말하였다.

"입신立身함에는 의義가 있으니,	立身有義
효도孝道가 근본根本이요,	而孝爲本
상喪을 당해서는 예禮가 있으니,	喪紀有禮
슬퍼함이 근본이요,	而哀爲本
싸움터에서는 대열隊列이 있으니,	戰陣有列
용맹勇猛이 근본이요,	而勇爲本
나라를 다스리는 데는 이치理致가 있으니,	治政有理
농사農事가 근본이요,	而農爲本
나라를 지키는 데는 도道가 있으니,	居國有道
후계자[後嗣]가 근본이요,	而嗣爲本
재물財物을 생산함에는 시기時期가 있으니,	生財有時
노력努力이 근본이다."	而力爲本

≪경행록景行錄≫에 말하였다.

"정사政事의 요점要點은,	爲政之要
공평公平함과 청렴淸廉함이요,	曰公與淸
집안을 일으키는 방법은,	成家之道
검약儉約함과 근면勤勉함이다."	曰儉與勤

"독서讀書는 집안을 일으키는 근본이요,	讀書起家之本

이치를 따름은 집안을 보존하는 근본이요, 循理保家之本
근검勤儉은 집안을 다스리는 근본이요, 勤儉治家之本
화순和順은 집안을 가지런히 하는 근본이다." 和順齊家之本

≪공자삼계도孔子三計圖≫에 말하였다.
"일생一生의 계획은 어릴 때에 있고, 一生之計在於幼
일년一年의 계획은 봄에 있고, 一年之計在於春
일일一日의 계획은 새벽에 있으니, 一日之計在於寅
어려서 배우지 않으면, 幼而不學
늙어서 아는 것이 없고, 老無所知
봄에 밭 갈지 않으면, 春若不耕
가을에 수확收穫할 것이 없고, 秋無所望
새벽에 일어나지 않으면, 寅若不起
그날 할 수 있는 일이 없다." 日無所辦

성리서性理書에 말하였다.
"오륜五倫의 조목條目은, 五教之目
부모와 자식 사이에는 친親함이 있으며, 父子有親
임금과 신하 사이에는 의리義理가 있으며, 君臣有義
남편과 아내 사이에는 분별分別이 있으며, 夫婦有別
어른과 어린이 사이에는 차례次例가 있으며, 長幼有序
친구 사이에는 믿음이 있는 것이다." 朋友有信

"삼강三綱은, 三綱
임금은 신하의 벼리가 되고, 君爲臣綱
아버지는 자식의 벼리가 되고, 父爲子綱
남편은 아내의 벼리가 되는 것이다." 夫爲婦綱

전국시대 제齊나라 사람 왕촉王蠋이 말하였다.
"충신忠臣은 두 임금을 섬기지 않고, 忠臣不事二君
열녀烈女는 두 남편을 섬기지 않는다." 烈女不更二夫

충자忠子가 말하였다.
"벼슬을 다스림에는 공평公平함만 한 것이 없고, 治官莫若平
재물을 대할 때에는 청렴淸廉함만 한 것이 없다." 臨財莫若廉

북송北宋의 학자 장역張繹의 〈좌우명座右銘〉에 말하였다.
"말은 반드시 성실誠實하게 하고, 凡語必忠信
행실行實은 반드시 돈독敦篤하고 공경恭敬하게 하고, 凡行必篤敬
음식은 반드시 삼가고 절제節制하고, 飮食必愼節
글씨는 반드시 반듯하고 바르게 하고, 字畫必楷正
용모는 반드시 단정하고 장엄莊嚴하게 하고, 容貌必端莊
의관衣冠은 반드시 엄숙嚴肅하고 바르게 하고, 衣冠必肅整
걸음걸이는 반드시 편안하고 조심스럽게 하고, 步履必安詳
거처居處는 반드시 바르고 정숙靜肅하게 하고, 居處必正靜

일은 반드시 계획計劃을 세워 시작하고, 作事必謀始
말은 반드시 실행實行할 수 있는지 생각해서 하고, 出言必顧行
떳떳한 덕德을 반드시 굳게 지키고, 常德必固持
승낙承諾은 반드시 신중愼重히 하고, 然諾必重應
선善을 보면 자기에게서 나온 것같이 여기며, 見善如己出
악惡을 보면 자기의 병病처럼 여기라. 見惡如己病
무릇 이 열네 가지는, 凡此十四者
모두 내가 아직 깊이 살피지 못한 것이므로, 皆我未深省
자리 귀퉁이에 써서 붙여놓고 書此當座隅
아침저녁으로 보고 경계警戒로 삼고 있다." 朝夕視爲警

남송南宋의 학자 범충范冲의 〈좌우명座右銘〉에 말하였다.

"첫째, 조정朝廷의 이해利害와 변방邊方으로부터의 소식消息과 관직官職의 임명任命에 대하여 말하지 말라.

둘째, 고을 수령首領의 장단점長短點과 잘잘못에 대하여 말하지 말라.

셋째, 여러 사람이 저지른 과실過失과 악행惡行을 말하지 말라.

넷째, 벼슬에 나아가고 시세時勢에 따라 권세權勢에 아부阿附하는 것을 말하지 말라.

다섯째, 재리財利의 많고 적음이나 가난을 싫어하고 부富를 구하는 것을 말하지 말라.

여섯째, 음탕淫蕩하고 난잡亂雜한 농담農談이나 여색女色에 대한 평론評論을 말하지 말라.

일곱째, 남의 물건物件을 요구要求하거나 술과 음식을 토색질하는 것을 말하지 말라.

또한 남이 부탁付託한 편지便紙를 뜯어보거나 지체遲滯시키지 말라.

남과 함께 앉아 있을 때 남의 사사私私로운 글을 엿보지 말라.

남의 집에 들어가서 남의 글을 엿보지 말라.

빌려온 남의 물건을 손상損傷시키거나 떼먹지 말라.

음식을 먹을 때는 가려서 먹지 말라.

다른 사람과 함께 있으면서 자신의 편리함만 구하지 말라.

남의 부귀富貴를 부러워하거나 헐뜯지 말라.

이 몇 가지 일을 범하는 경우가 있으면 그 마음 씀이 어질지 못함을 볼 수 있으니, 마음을 보존保存하고 몸을 닦는 데 크게 해롭기 때문에 이 글을 써서 스스로 경계한다."

주周나라 무왕武王이 강태공姜太公에게 물었다.

"사람이 사는 데 어찌하여 귀천貴賤과 빈부貧富가 고르지 않습니까? 그 점에 대해 말씀해주시는 것을 듣고 이를 알고자 합니다."

강태공이 대답했다.

"부귀는 성인聖人의 덕德과 같아서 다 하늘의 천명天命에 의해 결정決定되지만, 부자富者는 쓰는 것이 절도節度가 있고, 가난한 자는 집에 열 가지 도둑이 있습니다."

무왕이 물었다.

"무엇을 열 가지 도둑이라고 합니까?"

주周나라 무왕武王

강태공姜太公

강태공이 대답하였다.

"때맞게 익은 곡식을 제때에 거둬들이지 않는 것이 첫째 도둑입니다.

거두고 쌓는 일을 마치지 않는 것이 둘째 도둑입니다.

일 없이 등불을 켜놓고 잠자는 것이 셋째 도둑입니다.

게을러서 밭 갈지 않는 것이 넷째 도둑입니다.

공력功力을 들이지 않는 것이 다섯째 도둑입니다.

오로지 교활狡猾하고 해치는 일만 행하는 것이 여섯째 도둑입니다.

딸을 너무 많이 낳아 기르는 것이 일곱째 도둑입니다.

낮잠을 자고 아침에 늦게 일어나는 것이 여덟째 도둑입니다.

술을 마시고 욕심慾心대로 즐기는 것이 아홉째 도둑입니다.

질투嫉妬하는 것이 열째 도둑입니다."

무왕이 물었다.

"집에 열 가지 도둑이 없는데도 부유富裕하지 못한 것은 어째서 입니까?"

강태공이 대답하였다.

"그런 사람의 집에는 반드시 세 가지 소모消耗하는 것이 있습니다."

무왕이 물었다.

"무엇을 세 가지 소모하는 것이라고 합니까?"

"창고倉庫가 새고 넘치는데도 덮지 않아 쥐와 새들이 마구 먹는 것이 첫째 소모하는 것입니다.

거두고 씨 뿌릴 때를 놓치는 것이 둘째 소모하는 것입니다.

곡식을 함부로 버려서 천하게 여기는 것이 셋째 소모하는 것입니다."

무왕이 물었다.

"집에 세 가지 소모하는 일이 없는데도 부유하지 못한 것은 어째서입니까?"

강태공이 대답하였다.

"그런 사람의 집에는 반드시 첫째 잘못[錯], 둘째 그르침[誤], 셋째 어리석음[痴], 넷째 과실[失], 다섯째 거스름[逆], 여섯째 상서祥瑞

롭지 못함[不祥], 일곱째 상스러움[奴], 여덟째 천함[賤], 아홉째 어리석음[愚], 열째 뻔뻔함[强]이 있어서 스스로 화를 자초自招하는 것이지, 하늘이 재앙災殃을 내리는 것은 아닙니다."

무왕이 물었다.

"그 내용을 다 듣기를 원願합니다."

강태공이 대답하였다.

"아들을 기르면서 가르치지 않는 것이 첫째 잘못입니다.

어린아이를 훈계訓戒하지 않는 것이 둘째의 그름입니다.

새로 며느리를 맞아들여 엄히 가르치지 않는 것이 셋째 어리석음입니다.

말하기 전에 먼저 웃는 것이 넷째 과실입니다.

부모를 봉양奉養하지 않는 것이 다섯째 거스름입니다.

밤중에 알몸으로 일어나는 것이 여섯째 상서롭지 못함입니다.

남의 활을 당기기를 좋아하는 것이 일곱째 상스러움입니다.

남의 말 타기를 좋아하는 것이 여덟째 천함입니다.

남의 술을 마시면서 다른 사람에게 권하는 것이 아홉째 어리석음입니다.

남의 밥을 먹으면서 벗에게 먹으라고 하는 것이 열째 뻔뻔함입니다."

무왕이 말했다.

"이 말씀이 매우 아름답고 진실眞實합니다."

14. 올바른 정치政治를 하여야〔치정편治政篇〕

북송北宋의 학자 정호程顥가 말하였다.

"처음으로 벼슬을 얻은 사람이 만일 물건을 사랑하는 데에 마음을 둔다면 사람을 구제救濟하는 바가 있을 것이다."

송宋나라 태종太宗의 〈어제御製〉에 말하였다.

"위에는 지휘指揮하는 이가 있고, 중간中間에는 그 지시대로 다스리는 관원官員이 있고, 그 아래에 이에 따르는 백성百姓이 있다. 폐백幣帛으로 비단옷을 지어 입고 나라 곳간의 곡식을 먹으니, 그대들의 봉급俸給은 모두 백성들의 피땀이다. 아래에 있는 백성은 학대虐待하기 쉽지만, 위에 있는 푸른 하늘은 속이기 어렵다."

≪동몽훈童蒙訓≫에 말하였다.

"관리가 지켜야 할 법法이 세 가지 있으니, 청렴淸廉과 신중愼重과 근면勤勉이다. 이 세 가지를 알면 몸가짐할 바를 알 것이다."

"관직官職을 맡은 자는 반드시 갑자기 성내는 것을 경계하여, 일에 옳지 않은 점이 있으면 자상仔詳하게 살펴서 신중愼重하게 처리處理하면 다 맞게 될 것이다. 만약 갑자기 먼저 성을 내면 다만 자신을 해롭게 할 뿐, 어찌 남을 해칠 수 있겠는가?"

"임금을 어버이처럼 섬기고, 상관上官을 형처럼 섬기고, 동료同

僚를 한집안 사람처럼 대하고, 여러 아전衙前을 자기 집 노복奴僕처럼 사랑으로 대하고, 백성을 처자식처럼 사랑하며, 관청官廳 일을 내 집안일처럼 처리한 뒤에야 내 마음을 다한 것이니, 만약萬若 털끝만큼이라도 이렇게 하지 못함이 있으면 내 마음을 다했다고 할 수 없다."

어떤 사람이 물었다.

"부簿는 현령縣令을 보좌補佐하는 자입니다. 부가 하고자 하는 일을 현령이 혹 따르지 않으면 어떻게 합니까?"

송나라 학자 정이程頤가 대답하였다.

"성의誠意로 그를 감동感動시켜야 한다. 지금 현령과 부가 화합和合하지 않는 것은 사심私心으로 다투는 것이다. 현령은 고을의 장관長官이니, 부가 부형父兄 섬기는 도리로 현령을 섬겨서 잘못은 자신에게 돌리고 잘한 일은 현령에게 돌아가지 않을까 두려워해서, 이 같은 성의誠意를 쌓는다면 어찌 사람을 감동시키지 못하겠는가?"

송나라 사람 유안례劉安禮가 백성 다스리는 방법을 물으니, 명도선생明道先生 정호程顥가 대답하였다.

"백성들이 각각 자기 뜻을 다 펼 수 있게 하는 것이다."

아전 거느리는 도리道理를 묻자, 대답하였다.

"자신을 바르게 하여 남을 바르게 하는 것이다." 正己而格物

≪포박자抱朴子≫ 〈외편外篇 신절臣節〉에 말하였다.

"벼슬하면서는 도끼를 맞더라도 바르게 간하며, 끓는 솥을 잡으면서도 할 말을 다하면 이를 충신忠臣이라 이른다."

15. 집안을 바르게 이끌어야〔치가편治家篇〕

사마광司馬光이 말하였다.

"무릇 손아랫사람은 크고 작은 모든 일을 제멋대로 행하지 말고, 반드시 어른에게 여쭙고 나서 행해야 한다."

"손님 접대는 풍성豐盛하게 하지 않을 수 없고, 待客不得不豊
집안 다스림은 검소儉素하게 하지 않을 수 없다." 治家不得不儉

강태공姜太公이 말하였다.

"어리석은 사람은 아내를 두려워하고, 痴人畏婦
어진 부인은 남편을 공경恭敬한다." 賢女敬夫

"노복奴僕을 부릴 때에는 먼저 배고픔과 추위를 생각해주어야 한다."

"자식이 효도孝道하면 어버이가 즐겁고, 子孝雙親樂
집안이 화목和睦하면 모든 일이 이루어진다." 家和萬事成

"항상 화재火災를 예방豫防하고, 時時防火發
밤마다 도적盜賊을 대비對備하라." 夜夜備賊來

≪경행록景行錄≫에 말하였다.
"아침에 일찍 일어나고 저녁에 늦게 자는가를 보면, 그 사람 집안의 흥興하고 쇠衰함을 점쳐볼 수 있다."

≪문중자文仲子≫ 〈사군事君〉에 말하였다.
"혼인婚姻하면서 재물財物을 논하는 것은 오랑캐의 도이다."

16. 의리義理에 편안해야〔안의편安義篇〕

≪안씨가훈顔氏家訓≫ 〈형제兄弟〉에 말하였다.
"사람이 있은 뒤에 부부夫婦가 있고, 부부가 있은 뒤에 부자父子가 있고, 부자가 있은 뒤에 형제兄弟가 있으니, 한집안 친족親族은 이 세 가지뿐이다. 이로부터 구족九族에 이르기까지 모두 이 부부, 부자, 형제에 근본根本하였다. 그러므로 인륜人倫에 있어서 가장 중요하니, 돈독敦篤하게 하지 않을 수 없다."

장자莊子가 말하였다.
"형제는 손발과 같고, 兄弟爲手足
부부는 의복衣服과 같다. 夫婦爲衣服
의복이 떨어졌을 때에는 새것으로 갈아입을 수 있지만,
衣服破時更得新

손과 발이 잘라진 곳은 잇기가 어렵다." 手足斷處難可續

소식蘇軾이 말하였다.

"부유富裕하다 해서 친하지 않고 가난하다 해서 멀리하지 않는 것은, 富不親兮貧不疎

인간人間 중에 대장부大丈夫요, 此是人間大丈夫

부유하면 다가가고 가난하면 떠나는 것은, 富則進兮貧則退

인간 중에 참으로 소인배小人輩이다." 此是人間眞小輩

17. 예의禮義를 지켜야〔준례편遵禮篇〕

공자孔子가 말하였다.

"집안에 예禮가 있기 때문에 어른과 어린이가 구별區別되고, 규방閨房에 예가 있기 때문에 일가친척이 화목和睦하고, 조정朝廷에 예가 있기 때문에 벼슬의 차례次例가 지켜지고, 사냥하는 데 예가 있기 때문에 군대軍隊의 일이 익혀지고, 군대에 예가 있기 때문에 무공武功이 이루어진다."

공자孔子가 말하였다.

"군자君子가 용맹勇猛스럽기만 하고 예가 없으면 난리亂離를 일으키고, 소인小人이 용맹스럽기만 하고 예가 없으면 도둑질을 한다."

증자曾子가 말하였다.

"조정朝廷에서는 벼슬[爵]만 한 것이 없고, 고을에서는 나이[齒]만 한 것이 없으며, 세상世上을 돕고 백성을 다스리는 데는 덕德만 한 것이 없다."

"늙은이와 젊은이, 어른과 어린이는 하늘이 정한 차례이니, 이치를 어기고 도道를 상하게 해서는 안 된다."

"대문大門을 나갈 때에는 큰 손님을 대하듯 공손恭遜히 하고, 방에 들어올 때에는 사람이 있는 것처럼 조심操心하라."

"남이 나를 중히 여겨주기를 바란다면, 내가 먼저 그 사람을 중히 여기는 것보다 더 나은 방법은 없다."

"아버지는 아들의 덕德을 말하지 말며, 자식은 어버이의 허물을 말하지 말아야 한다."

18. 말을 조심操心하여야〔언어편言語篇〕

유회劉會가 말하였다.

"말이 이치理致에 맞지 않으면, 言不中理
말을 하지 않는 것이 낫다." 不如不言

"한 마디 말이라도 이치에 맞지 않으면, 一言不中

천 마디 말이 모두 쓸모없게 된다." 千語無用

군평君平이 말하였다.
"입과 혀는, 口舌者
재앙災殃을 부르는 문門이며, 禍患之門
몸을 망치는 도끼이다." 滅身之斧也

"사람을 이롭게 하는 말은, 利人之言
따뜻하기가 솜과 같고, 煖如綿絮
사람을 상하게 하는 말은, 傷人之語
날카롭기가 가시 같아서, 利如荊棘
사람을 이롭게 하는 한마디 말은, 一言利人
소중所重하기가 천금千金의 값어치요, 重値千金
사람을 해치는 한마디 말은, 一語傷人
아프기가 칼로 베이는 것처럼 쓰리다." 痛如刀割

"입은 바로 사람을 상하게 하는 도끼요, 口是傷人斧
말은 바로 혀를 베는 칼이니, 言是割舌刀
입을 막고 혀를 깊이 감추면, 閉口深藏舌
가는 곳마다 몸을 편안便安하게 보존할 것이다." 安身處處牢

"남을 만나거든 3할의 말만 하여, 逢人且說三分話

속마음을 다 털어놓아서는 안 된다. 未可全抛一片心
호랑이가 세 번 입 벌리는 게 두렵지 않고, 不怕虎生三個口
다만 사람의 두 마음이 두려우니라." 只恐人情兩樣心

"술은 지기知己를 만나면 천 잔도 부족하고, 酒逢知己千鍾少
말은 기회에 맞지 않으면 한 마디도 많다.' 話不投機一句多

19. 착한 벗을 사귀어야〔교우편交友篇〕

공자孔子가 말하였다.

"선한 사람과 같이 있으면 지초芝草와 난초蘭草가 있는 방 안에 들어간 것과 같아서 오래되면 그 냄새를 맡지 못하는 것은 곧 그 향기와 동화同化되었기 때문이다.

악한 사람과 같이 있으면 생선가게에 들어간 것과 같아서 오래되면 그 악취惡臭를 맡지 못하는 것은 그 냄새와 동화同化되었기 때문이다.

붉은 단사丹砂를 지니고 있는 자는 붉어지고, 검은 옻을 지니고 있는 자는 검어진다.

그러므로 군자君子는 반드시 함께 지내는 자를 삼간다."

≪공자가어孔子家語≫에 말하였다.

"좋은 사람과 동행同行하면 마치 안개 속을 가는 것과 같아서 옷이 완전히 젖지 않더라도 항상恒常 촉촉함이 있다.

무식無識한 사람과 동행하면 마치 뒷간에 앉은 것과 같아서 옷은 더러워지지 않더라도 항상 그 냄새를 풍긴다."

공자孔子가 말하였다.

"제齊나라 대부大夫 안평중晏平仲은 사람과 사귀기를 잘한다. 오래되어도 공경하는구나."

"서로 얼굴 아는 사람은 세상에 가득하지만, 相識滿天下
마음을 알아주는 사람은 몇이나 될까?" 知心能幾人

"술과 밥을 함께 먹을 때에 형제兄弟 같은 친구親舊는 많으나, 酒食兄弟千個有
위급危急하고 어려울 때에 도와주는 진정眞情한 친구는 드물다." 急難之朋一個無

"열매를 맺지 않는 꽃은 심지 말고, 不結子花休要種
의리 없는 친구는 사귀지 말라." 無義之朋不可交

"군자君子의 사귐은 물처럼 담박淡泊하고, 君子之交淡如水
소인小人의 사귐은 단술처럼 달콤하다." 小人之交甘若醴

"길이 멀어야 달리는 말의 힘을 알 수 있고, 路遙知馬力

세월歲月이 오래돼야 사람의 마음을 알 수 있다." 日久見人心

20. 부녀자婦女子의 행실行實에 관하여〔부행편婦行篇〕

≪익지서益智書≫에 말하였다.

"여자女子에게는 아름다운 네 가지 덕목德目이 있으니, 첫째는 부인의 덕 즉 부덕婦德이요, 둘째는 부인婦人의 용고 즉 부용婦容이요, 셋째는 부인의 말 즉 부언婦言이요, 넷째는 부인의 일 즉 부공婦工이다.

부인의 덕이란 반드시 재주와 이름이 뛰어남을 말하는 것은 아니요, 부인의 용모容貌란 반드시 얼굴이 아름답고 고움을 말하는 것은 아니요, 부인의 말이란 반드시 구변口辯이 좋고 말을 잘하는 것은 아니요, 부인의 일이란 반드시 손재주가 다른 사람보다 뛰어남을 말하는 것은 아니다.

부인의 덕이란, 맑고 곧고 청렴淸廉하고 절개節槪가 있어 분수分數를 지키고 몸가짐을 바르게 하며, 행동거지에 염치廉恥가 있고 법도法度가 있는 것이다. 이것이 부인의 덕이다.

부인의 용모란, 옷을 깨끗이 빨아 의복을 정결하게 하며, 제때에 목욕沐浴을 하여 몸을 깨끗하게 하는 것이다. 이것이 부인의 용모이다.

부인의 말이란, 본받을 만한 말만 가려서 하여 예에 어긋나는 말을 하지 않으며, 때에 알맞은 뒤에 말해서 사람들이 그 말을 싫어하지 않는 것이다. 이것이 부인의 말이다.

부인의 일이란, 길쌈을 부지런히 하고 마늘과 술을 좋아하지 않으며, 맛있는 음식을 마련해서 손님을 받드는 것이다. 이것이 부인의 일이다.

이 네 가지 덕은 부인으로서 빼놓을 수 없는 것이다. 행하기가 매우 쉽지만 실천實踐하는 것은 마음을 바르게 함에 달려 있으니, 이에 의거依據하여 행한다면 이것이 부인의 예절이다."

강태공姜太公이 말하였다.
"부인의 예절禮節은 말소리가 조용하여야 한다."

"어진 부인은 남편을 귀하게 하고, 賢婦令夫貴
간악奸惡한 부인은 남편을 천하게 한다." 佞婦令夫賤

"집에 어진 아내가 있으면, 家有賢妻
남편이 뜻밖의 화를 당하지 않는다." 夫不遭橫禍

"어진 부인은 친척들을 화목和睦하게 하고, 賢婦和六親
간악한 부인은 친척들의 화목을 깨뜨린다." 佞婦破六親

21. 내용을 보충하여〔증보편增補篇〕

≪주역≫ 〈계사전繫辭傳〉에 말하였다.
"선행善行이 쌓이지 않으면 명예名譽를 이룰 수 없고, 악행惡行

이 쌓이지 않으면 몸을 망치지 않는데, 소인小人은 작은 선행은 유익有益할 것이 없다고 하여 행하지 않고, 작은 악행은 해로울 것이 없다고 하여 버리지 않는다. 그래서 악행이 쌓여 가리지 못하고 죄가 커져서 벗어나지 못한다."

"서리를 밟으면 곧 단단한 얼음이 얼 때가 이른다. 신하가 그 임금을 시해弑害하며 자식이 그 부모를 시해하는 일은 하루 아침이나 하루 저녁에 이루어지는 것이 아니라, 조금씩 진행進行된다."

22. 여덟 가지 거꾸로 한다는 노래〔팔반가八反歌 8수首〕

"아이가 나를 꾸짖으면 내 마음은 기쁨을 느끼고, 어버이가 나를 꾸짖고 성내면 내 마음은 달가워하지 않네. 아이의 꾸짖음은 기뻐하고 부모의 꾸짖음은 달가워하지 않으니, 아이와 어버이를 대하는 마음 어찌 그다지 다른가? 그대에게 권하노니, 이제부터 어버이가 노여워하시면 마땅히 어버이를 아이로 바꾸어 생각하라."

"아이는 천 마디 말을 늘어놓아도 그대가 듣기 싫어하지 않고, 어버이는 한 마디만 해도 쓸데없는 참견이 많다고 하네. 쓸데없는 참견參見이 아니라 마음에 걸려서이니, 머리가 세도록 오래 사시어 아는 것이 많다네. 그대에게 권하노니, 늙은이의 말 공경히 받들고, 젖냄새 나는 아이와 비교比較하지 말라."

"아이의 똥오줌은 더러운 줄 모르지만, 늙은 어버이의 눈물과 침은 더럽다고 싫어하네. 여섯 자의 그대 몸 어디서 나왔는가? 아버지의 정기와 어머니의 피로 그대의 몸 이루어졌네. 그대에게 권하노니, 늙은이를 공경히 대접하라. 젊었을 때 그대 위해 살과 뼈가 닳으셨네."

송宋나라 때 황정견黃庭堅은 현달한 관리가 되어서도 어버이의 요강을 직접 씻었다 함

"그대가 새벽시장에 가서 떡을 사는 것을 보니, 어버이에게 드린다는 말은 없고 아이들에게 준다고 하네. 어버이는 아직 맛보지도 않았는데 아이들은 먼저 배부르니, 자식의 마음은 부모의 마음이 좋아하는 것에 비할 수 없네. 그대에게 권하노니, 떡 살 돈을

많이 마련해서 사실 날이 많지 않은 어버이를 공양하라."

"시장 약藥 파는 가게에는 아이들 살찌우는 약만 있고, 어버이 건강하게 하는 약은 없으니, 무슨 까닭으로 두 가지로 나타나는가? 아이도 병病들고 어버이도 병들었을 때에 아이의 병을 고치는 것이 어버이의 병을 고치는 것에 비할 수 없네. 허벅지 살을 베어 낫게 하더라도 본래 어버이의 살이네. 그대에게 권하노니, 빨리 어버이의 목숨을 보호保護하라."

"부귀富貴하면 어버이를 봉양奉養하기가 쉽지만 어버이는 항상 마음이 편치 못하고, 가난하고 천하면 아이를 기르기가 어렵지만 아이는 주리거나 추위에 떨지 않네. 한 가지 마음 두 가지 길에 아이를 위함이 마침내 어버이를 위함만 못하다네. 그대에게 권하노니, 양친兩親 섬기기를 아이 기르는 것과 같이 하고, 모든 일을 집이 넉넉하지 못하다고 핑계대지 말라."

"두 분 어버이를 봉양하는 것은 두 분뿐인데도 형제들이 서로 미루고, 아이를 기르는 것은 열 명이라도 그대가 모두 맡아 기르네. 아이가 배부르고 따뜻한가는 늘 묻지만 부모님이 배고프거나 추운 것은 마음 쓰지 않네. 그대에게 권하노니, 부모 봉양에 반드시 힘을 다하라. 당초當初에 입을 것 먹을 것을 그대에게 빼앗겼네."

"어버이는 그대를 십분十分 사랑해주되 그대는 그 은혜를 생각하지 않고, 자식은 조금만 효도해도 그대는 곧 그 이름을 자랑한다. 어버이를 대함에는 어둡고 자식을 대함에는 밝으니, 누가 어버이의 자식 기르는 마음을 알까? 그대에게 권하노니, 아이들의 효도를 크게 믿지 말라. 아이들의 본보기가 그대 자신에게 있네."

23. 부모님께 효도孝道하여야 속편〔효행편孝行篇 속續〕

신라新羅 때 손순孫順이란 사람이 집이 가난하여 그의 아내와 함께 남의 집에 품팔이를 하여 어머니를 봉양하였다. 아이가 있어 항상 어머니의 음식을 빼앗아 먹으므로, 손순이 아내에게 말하였다.

"아이가 어머니의 잡수실 것을 빼앗아 먹는데, 아이는 또 낳을 수 있지만 어머니는 다시 구하기 어렵소."

그리고는 아이를 업고 귀취산歸醉山 북쪽 교외로 가서 묻으려고 땅을 팠다. 땅을 얼마 파자 문득 이상한 돌종[石鍾]이 나오므로 괴이하게 여겨 한번 두드려보니 소리가 멀리 퍼져나가는데 듣기에 좋았다.

아내가 말하였다.

"이 기이奇異한 물건을 얻은 것은 아마 아이의 복福일 듯하니 땅에 묻는 것은 옳지 못합니다."

그러자 손순은 옳게 여겨 종을 가지고 집으로 돌아와 들보에 매달고 쳤다. 마침 흥덕왕興德王이 맑고 멀리 퍼지는 종소리를 듣고는 이상異常한 생각이 들어 자세仔細히 알아보게 하여, 이런 사실事實을 알고는 말하였다.

"옛적에 곽거郭巨란 사람이 아들을 묻자 하늘이 금金으로 만든 가마솥을 주셨는데, 이제 손순이 아들을 묻자 땅에서 돌종이 나왔으니, 앞과 뒤가 서로 꼭 맞는다."

그리고는 집 한 채를 내려주고 해마다 쌀 50섬씩을 주었다.

신라 때 상덕尙德이란 사람이 살았다. 나라에 흉년凶年이 들고 열병熱病이 유행流行하여 부모님이 굶주리고 병들어 거의 죽게 되었다.

상덕은 밤낮으로 옷을 벗지 않고 정성精誠을 다하여 편안히 위로하되 잡수실 것이 떨어지면 넓적다리 살을 베어 올렸다. 또 어머니가 종기腫氣가 나서 낫지 않자 입으로 고름을 빨아내니 곧 나았다.

임금이 이 일을 듣고 가상嘉祥하게 여겨 많은 물품物品을 하사下賜한 다음, 그 마을에 정려문旌閭門*을 세우고 비석을 세워 이 일을 기록記錄하게 하였다.

* 정려문旌閭門은 충신忠臣, 효자孝子, 열녀烈女 등을 표창表彰하기 위해 그 마을에 세웠던 문이다.

조선 철종哲宗 때 사람 도씨都氏는 집이 가난하였으나 효성孝誠이 지극하였다. 숯을 팔아 고기를 사서 어머니의 반찬을 빠짐없이 공양供養하였다.

하루는 시장에서 늦었다가 바삐 돌아오는데 솔개가 갑자기 어머니께 올릴 고기를 낚아채 가버렸다. 도씨가 슬피 울부짖으며 집에 돌아와 보니 솔개가 벌써 고기를 도씨 집 뜰에 던져놓은 후였다.

한 번은 어머니가 병이 나서 제철이 아닌 홍시紅柿가 먹고 싶다고 하므로, 도씨가 감나무 숲을 방황彷徨하면서 날이 저문 것도 모르고 있었는데, 호랑이 한 마리가 나타나더니 어서 등에 타라는 시늉을 했다.

도씨는 호랑이를 타고 백여 리나 되는 산마을에 이르러 인가人家를 찾아 투숙投宿하였는데, 얼마 후 집주인이 제삿밥을 차려 내오는데 상에 홍시가 있었다.

도씨는 기쁜 나머지 물었다.

"어떻게 지금까지 홍시가 있소?"

그리고는 어머니 이야기를 하자, 집주인은 대답하였다.

"돌아가신 아버지께서 감을 즐기셨으므로 해마다 가을에 감 200개를 골라 굴속에 보관保管해두었다가 5월 제사 때 꺼내면 성한 것이 7, 8개에 지나지 않았습니다. 그런데 올해는 웬일인지 성한 것이 50개나 되어 마음속으로 이상하게 여겼더니, 이제 보니 이는 하늘이 그대의 효성에 감동한 것입니다."

그리고는 20개를 내주었다. 도씨가 사례謝禮하고 문밖에 나오니, 호랑이가 아직도 엎드려 기다리고 있었다. 호랑이를 타고 집에 돌아오니 새벽닭이 울었다.

뒤에 어머니가 천수를 누리고 돌아가시자, 도씨는 피눈물을 흘리며 슬퍼했다.

24. 관리官吏는 청렴淸廉하고 의義로워야〔염의편廉義篇〕

신라 때 사람 인관印觀이 장에서 솜을 파는데, 서조署調라는 사람이 곡식을 주고 솜을 사 가지고 돌아갔다. 그런데 솔개가 그 솜을 낚아채서는 인관의 집에 떨어뜨렸다. 인관이 서조에게 솜을 돌려보내며 말하였다.

"솔개가 당신의 솜을 우리 집에 떨어뜨렸으므로 돌려보내오."

그러자 서조가 말하였다.

"솔개가 솜을 채다가 당신 집에 떨어뜨린 것은 하늘이 시킨 일이니, 내가 어찌 받겠소?"

"그렇다면 솜값으로 받은 당신의 곡식을 돌려보내겠소."

"내가 당신에게 곡식을 준 지 벌써 두 번 장날이 지났으니, 그 곡식은 이미 당신의 것이오."

두 사람은 서로 사양辭讓하다가 솜과 곡식을 다 함께 장에 버렸다. 시장市場을 맡아 다스리는 관원이 이런 사실을 임금께 아뢰니, 임금께서 모두 벼슬을 주었다.

조선 순조純祖 때 사람 홍기섭洪耆燮은 젊었을 때 매우 가난하였다. 하루 아침은 어린 여자 종이 기쁜 듯 뛰어와 돈 일곱 냥을 바치며 말하였다.

"이 돈이 솥 안에 있습니다. 이 돈이면 쌀 몇 섬을 살 수 있고, 나무 몇 바리를 살 수 있습니다. 이는 참으로 하늘이 주신 것입니다."

홍기섭이 놀라 말하였다.

"이 어찌된 돈인가?"

그리고는 곧 돈 잃은 사람은 와서 찾아가라는 글을 써서 대문에 붙여놓고 기다렸다.

얼마 후 유가劉哥라는 사람이 찾아와 글 뜻을 물으므로, 홍기섭은 자세히 그 내막內幕을 말해주었다.

유가가 말하였다.

"이치로 보아 남의 솥 안에 돈을 잃을 리가 없으니, 그 돈은 참으로 하늘이 주신 것입니다. 왜 그냥 갖지 않으십니까?"

"내 물건이 아닌데 어찌하겠는가?"

그러자 유가가 엎드리더니 말하였다.

"소인이 어젯밤 솥을 훔치러 왔다가 집안 형편形便이 너무 가난한 것을 보고 불쌍히 여겨 그 돈을 놓고 갔습니다. 이제 공公의 청렴淸廉함에 감동되어 양심良心이 눈을 뜨게 되었습니다. 앞으로는 절대 도둑질을 하지 않을 것을 맹세하오며, 항상 옆에서 모시기를 원합니다. 그러니 염려念慮하지 마시고 가지소서."

홍기섭은 즉시 돈을 돌려주며 말했다.

"자네가 착한 사람이 되는 것은 좋으나 이 돈은 가질 수 없네."

그리고는 끝내 받지 않았다.

뒤에 홍기섭은 판서判書가 되고, 그의 아들 홍재룡洪在龍이 헌종憲宗의 부원군府院君이 되었으며, 유가도 신임信任을 얻어 그 자신과 집안이 크게 번창繁昌하였다.

고구려 평원왕平原王의 딸이 어렸을 때 잘 울자, 왕이 놀리며 말하였다.

"네가 크면 바보 온달溫達에게 시집보내겠다."

그 딸이 자라 상부上部 고씨高氏에게 출가出嫁시키려고 하니, 딸이 말하였다.

"임금은 식언食言을 해서는 안 됩니다."

그리고는 굳이 거절拒絶하고 마침내 온달의 아내가 되었다.

온달은 집이 가난하여 다니며 구걸求乞을 하다가 어머니를 봉양하였기 때문에 당시 사람들이 '바보 온달'이라 부른 것이다.

하루는 온달이 산에서 느릅나무 껍질을 짊어지고 돌아오니, 공주公主가 찾아와 말하였다.

"나는 지금부터 당신의 아내입니다."

그리고는 머리 장식裝飾을 팔아서 밭과 집과 기물器物을 많이 사들여 부자가 되었다. 그리고는 말을 많이 길러서 온달을 도와 마침내 영달榮達하게 하였다.

25. 부지런히 배워야〔권학편勸學篇〕

주자朱子가 말하였다.

"오늘 배우지 않으면서 내일 하면 된다고 말하지 말라.

勿謂今日不學而有來日

올해에 배우지 않으면서 내년에 하면 된다고 말하지 말라.

勿謂今年不學而有來年

해와 달이 끊임없이 가서 세월은 나를 기다려주지 않는다. 日月逝矣歲不我延

아, 늙었구나! 이 누구의 잘못인가?" 嗚呼老矣是誰之愆

"소년은 늙기 쉽고 학문은 이루기 어려우니, 少年易老學難成
짧은 시간이라도 가벼이 여기지 말라. 一寸光陰不可輕
못가의 봄풀이 꿈에서 아직 깨지 못했는데, 未覺池塘春草夢
섬돌 앞의 오동나무는 벌써 가을을 알리네." 階前梧葉已秋聲

도연명陶淵明의 〈잡시雜詩〉에 말하였다.
"젊은 시절은 거듭 오지 않고, 盛年不重來
하루에는 새벽이 두 번 있기 어렵다. 一日難再晨
제때에 학문에 힘써야 하니, 及時當勉勵
세월은 사람을 기다려주지 않는다." 歲月不待人

순자荀子가 말하였다.
"반걸음씩 나아가지 않으면, 不積蹞步
천 리에 이르지 못하고, 無以至千里
작은 물이 모이지 않으면, 不積小流
강물을 이루지 못한다." 無以成江河

동몽선습 童蒙先習

1. 머리편〔수편首篇〕

하늘과 땅 사이에 있는 만물萬物 가운데 오직 사람이 가장 귀중貴重하니, 사람을 귀중하게 여기는 까닭은 다섯 가지 기본적 실천덕목實踐德目, 즉 오륜五倫이 있기 때문이다. 그래서 맹자孟子께서 말씀하셨다.

"부모父母와 자식 사이에는 친애親愛함이 있는 부자유친父子有親, 임금과 신하 사이에는 의리가 있는 군신유의君臣有義, 남편男便과 아내 사이에는 분별이 있는 부부유별夫婦有別, 어른과 어린이 사이에는 차례가 있는 장유유서長幼有序, 친구와 친구 사이에는 신의가 있는 붕우유신朋友有信이 있다."

사람으로서 이 다섯 가지 변함없는 도리인 오상五常을 알지 못하면, 짐승과 다름이 없을 것이다.

그러므로 부모는 자식을 사랑하고 자식은 부모에게 효도孝道하며, 임금은 신하에게 의리義理를 지키고 신하는 임금에게 충성忠誠하며, 남편은 집안사람들을 화목和睦하게 다스리고 아내는 남편에게 순종順從하며, 형은 아우를 사랑하고 아우는 형을 공경恭敬하며, 친구 사이에는 서로 인덕仁德을 배양培養한 뒤에야 비로소 사람이라고 말할 수 있다.

2. 부자유친父子有親

부모와 자식은 천성적天性的으로 친한 관계關係이다. 그러므로 부모는 자식을 낳아서 기르고 사랑하고 가르치며, 자식은 부모를 받들어 그 뜻을 이어가고 효도孝道하고 봉양奉養해야 한다.

이 때문에 부모는 자식을 올바른 도리로 가르쳐서 자식이 올바르지 않은 곳에 발을 들여놓지 않게 해야 하며, 자식은 부모에게 잘못이 있으면 부드러운 목소리로 간諫하여 부모가 고을에서 죄罪를 짓지 않게 해야 한다.

만일 혹시라도 부모이면서 자기 자식을 사랑하지 않고, 자식이면서 자기 부모를 사랑하지 않는다면 어떻게 세상世上에 서서 살 수 있겠는가?

비록 그렇지만 천하天下에 옳지 않은 부모는 없다. 그러므로 부모가 자식을 사랑하지 않더라도 자식은 부모에게 효도孝道하지 않아서는 안 된다.

옛날 중국中國의 위대한 순舜임금의 경우, 그 아버지는 사납고 어머니는 모질어서 순을 죽이려고 하였으나, 순은 효도로써 이들을 화합和合시켜서 끊임없이 부모의 잘못을 다스려 부모로 하여금 악惡한 일을 하는 데에 이르지 않게 하였으니, 효자孝子의 도리道理가 여기에서 지극至極하게 드러났다.

공자孔子께서 말씀하셨다.

"다섯 가지 형벌刑罰인 오형五刑*에 해당該當하는 죄목罪目이 3천 가지인데, 그중에 불효不孝보다 더 큰 죄가 없다."

* 오형五刑이란, 죄목을 이마에 새기는 묵형墨刑, 코를 베는 의형劓刑, 발꿈치를 베는 비형剕刑, 거세하는 궁형宮刑, 목을 베는 대벽형大辟刑 등인데, 묵형의 종류가 천 가지, 의형의 종류가 천 가지, 비형의 종류가

5백 가지, 궁형의 종류가 3백 가지, 대벽형의 종류가 2백 가지로, 합하여 모두 3천 가지이다.

3. 군신유의君臣有義

임금과 신하는 하늘과 땅처럼 분명分明히 구분區分되는 관계이다. 임금은 높고 귀貴하며 신하는 낮고 천賤하니, 높고 귀한 사람이 낮고 천한 사람을 부리고, 낮고 천한 사람이 높고 귀한 사람을 섬기는 것은 천지간天地間에 변치 않는 법칙法則이며, 예나 지금을 막론莫論하고 통용通用되는 의리義理이다.

그러므로 임금은 하늘의 이치理致를 본받아 호령號令을 하고 명령命令을 내리는 사람이요, 신하는 하늘의 이치를 조화調和시켜 임금에게 착한 일을 아뢰고 부정不正한 일을 막는 사람이다.

임금과 신하가 만날 때에 각각 자신의 도리道理를 다하여 함께 공경恭敬하여 이상적理想的인 정치政治를 이루어야 한다.

비간比干

만일 혹시라도 임금이면서 임금의 도리를 다하지 못하고, 신하이면서 신하의 직책職責을 닦지 못한다면 함께 천하天下와 국가國家를 다스릴 수 없다. 비록 그렇지만 "우리 임금은 훌륭한 정치를 베풀 수 없다."고 말하는 이를 임금을 해치는 자라고 한다.

옛날에 상商나라 주왕紂王이 모질고 사나웠는데, 주왕의 숙부叔父인 비간比干이 간언諫言하다가 죽었으니, 충신忠臣의 절개節槪가 여기에서 지극하게 드러났다.

공자께서 말씀하셨다.

"신하는 임금을 충성忠誠으로 섬겨야 한다."

4. 부부유별夫婦有別

남편과 아내는 성姓이 다른 남자男子와 여자女子가 합한 이성지합二姓之合이다. 이는 백성들이 태어나게 된 시초始初이며 모든 복福의 근원根源이니, 중매仲媒를 통하여 혼인婚姻을 의논하는 의혼議婚, 폐백幣帛을 들이는 납폐納幣, 친히 맞이하는 친영親迎을 하는 것은 그 구별을 두터이 하기 위해서 치르는 절차節次이다.

그러므로 아내를 맞아들이되 같은 성姓을 취하지 않으며, 집을 짓되 안과 밖을 구별하여, 남자는 바깥채에 거처하여 안의 일에 대해서 말하지 않고, 아내는 안채에 거처하여 밖의 일에 대해서 말하지 않는다.

만일 남편은 엄숙嚴肅한 모습으로써 집안사람들을 대하여 하늘의 굳건한 도리를 본받고, 아내는 부드러운 태도態度로써 집안사람들을 바로잡아 땅이 하늘에 순종順從하는 도리를 받든다면 집안의 도리가 바로 서게 될 것이다.

이에 반하여 남편이 아내를 제대로 제어制御하지 못하여 올바른 도리로 집안사람들을 다스리지 못하고, 아내가 남편을 능멸凌蔑하여 올바른 도리로 남편을 섬기지 않아서, 부인婦人이 따라야 할 세 가지 도리, 즉 시집가기 전에는 아버지를 따르고, 시집가서는 남편을 따르며, 남편이 죽은 후에는 자식을 따라야 하는 삼종지도三從之道에 어둡고, 남편이 아내를 내쫓을 수 있는 일곱 가지 악행, 즉 시부모에게 순종하지 않거나, 자식이 없거나, 행실行實이 음란淫亂하거나, 질투嫉妬하거나, 나쁜 병이 있거나, 말이 많거나, 도둑질을 하는 칠거지악七去之惡이 있으면 집안의 도리가 무너지게 될 것이다.

모름지기 남편은 자기 몸을 삼가서 아내를 잘 거느리고, 아내 또한 자기 몸을 공경하여 남편을 잘 받들어서 남편과 아내가 온화하고 순종해야 부모가 편안하고 즐거워할 것이다.

춘추시대 극결郤缺이 아내와 서로 손님처럼 공경함

옛날 중국 춘추시대春秋時代에 진晉나라 사람 극결郤缺이 밭에서 김을 매고 있을 때, 그 아내가 들밥을 내왔는데 서로 공경하여 손님처럼 대하였으니, 부부 사이의 도리는 이와 같아야 한다.

공자의 손자 자사子思께서 말씀하셨다.

"군자의 도리는 부부 사이에서 시작된다."

5. 장유유서長幼有序

어른과 어린이는 하늘이 차례 지어준 관계이다. 형兄이 형으로서 해야 할 도리를 실천實踐하고, 아우가 아우로서 해야 할 도리를 실천하는 것이 어른과 어린이의 도리가 비롯된 유래由來이다.

종족宗族과 향리鄕里에는 모두 어른과 어린이가 있으니, 그 차례次例를 어지럽혀서는 안 된다.

천천히 걸어서 어른보다 뒤에 쳐져서 가는 것을 "공손恭遜함"이라 이르고, 빨리 걸어서 어른보다 앞서 걸어가는 것을 "공손하지 못함"이라 이른다.

그래서 나이가 갑절이 많으면* 아버지처럼 섬긴다. 열 살이 많으면 형처럼 섬기고, 다섯 살이 많으면 어깨 폭幅만큼 뒤쳐져서 따라간다.

어른은 어린이를 사랑하고 어린이는 어른을 공경恭敬한 뒤에야, 젊은이를 업신여기거나 어른을 능멸凌蔑하는 폐단弊端이 없어져서 사람의 도리가 바로 서게 될 것이다.

하물며 형제는 한 어버이에게서 태어나 같은 기운氣運을 함께 나눈 사람이다. 뼈와 살을 나눈 지극히 가까운 관계이니 더욱 우애友愛해야 할 것이요. 노여움을 마음속에 감추거나 원망怨望하는 마음을 묵혀두어 하늘의 떳떳한 도리를 무너뜨려서는 안 된다.

옛날 북송北宋 때 사마광司馬光은 그의 육촌六寸 형인 백강伯康과 우애가 매우 돈독敦篤하였다. 형을 엄한 아버지처럼 공경하고 아우를 어린아이처럼 보호했으니, 형제 사이의 도리는 이와 같아야 한다.

맹자孟子께서 말씀하셨다.

"두세 살 된 어린아이도 자기 부모를 사랑할 줄 모르는 이가 없으며, 장성長成해서는 자기 형을 공경할 줄 모르는 이가 없다."

* 인생은 10년을 한 단위로 삼으니, 여기서 나이가 갑절이 많다는 것은 20살이 많음을 이른다.

사마광司馬光

6. 붕우유신朋友有信

붕우朋友는 부류部類가 같은 사람이다. 유익한 벗이 세 종류이니 익자삼우益者三友요, 해로운 벗이 세 종류이니 손자삼우損者三友이다.

정직正直한 사람을 벗하며[友直], 진실한 사람을 벗하며[友諒], 견문見聞이 많은 사람을 벗하면[友多聞] 유익하고, 편벽偏僻된 사람을 벗하며[友便辟], 비위脾胃만 맞추는 사람을 벗하며[友善柔], 말재주만 뛰어난 사람을 벗하면[右便佞] 해롭다.

벗한다는 것은 그 사람의 덕德을 보고 벗하는 것이다. 천자天子로부터 일반 서민庶民에 이르기까지 벗을 통해서 자신의 인격人格을 완성完成하지 않는 이가 없으니, 그 관계는 소원疏遠한 듯하지만 관련되는 것은 지극히 밀접密接하다.

이 때문에 벗을 사귈 때에는 반드시 단정端正한 사람을 사귀고, 벗을 선택選擇할 때에는 자기보다 나은 사람을 가려서 사귀어야 한다.

친구 사이에는 선善하기를 요구要求하는 책선責善을 하되 진실한 태도로써 하며, 간절하고 자세히 권면勸勉하며, 성심誠心으로 말해주며, 선善으로 인도引導하되 안 되면 교제交際를 그만두어야 한다.

만일 혹시라도 서로 사귈 때에 학문學問을 갈고 닦는 절차탁마切磋琢磨로 함께하지 않고, 다만 기뻐하고 장난하고 농담하는 것으로 서로 친하려 한다면 어떻게 오래되어도 소원疏遠해지지 않을 수 있겠는가?

안자晏子(안영晏嬰)

옛날 춘추시대 제齊나라 재상인 안자晏子는 남과 교제하되 사귄 지가 오래되어도 공경하였으니, 친구 사이의 도리는 이와 같아야 한다.

공자孔子께서 말씀하셨다.

"친구들에게 신임信任을 얻지 못하면 윗사람에게도 신임을 얻지 못할 것이다. 친구들에게 신임을 얻는 데 방법이 있으니, 어버이에게서 순종한다고 인정認定받지 못하면 친구들에게도 신임을 얻지 못할 것이다."

7. 총론總論

위의 다섯 가지 일 즉 오륜五倫은 하늘이 펼쳐준 법法이고, 사람이 본래本來부터 가지고 있는 도리道理이다. 사람의 행실行實이 이 다섯 가지에서 벗어나지 않지만, 오직 효도孝道가 모든 행실의 근원이 된다.

그러므로 효자孝子가 부모를 섬길 때에는 첫닭이 울면 모두 세수洗手하고 양치질한 뒤, 부모님이 계신 곳으로 가서 기운을 낮추고 음성을 부드럽게 하여 입고 계신 옷이 더운지 추운지 여쭙고, 어떤 음식飮食을 드시고 싶은지 여쭙는다.

겨울에는 따뜻하게 해드리고 여름에는 시원하게 해드리며, 저녁에는 잠자리를 돌봐드리고 새벽에는 안부安否를 여쭈며, 외출外出할 때에는 반드시 아뢰고 돌아와서는 반드시 얼굴을 뵙는다.

멀리 가서 놀지 않으며, 나가 놀되 반드시 일정한 장소場所를 두며, 감히 자기 몸을 자기 것으로 여기지 않으며, 감히 재물財物을 독차지하지 않는다.

부모가 나를 사랑해주시면 기뻐하고 잊지 않으며, 미워하시면 두려워하고 원망하지 않으며, 부모에게 과실이 있으시면 말리되 거스르지 않으며, 세 번 간諫했는데도 들어주지 않으시면 부르짖고 울면서 따르며, 부모가 노怒하시어 종아리를 때려 피가 나더라도 감히 미워하거나 원망하지 않는다.

평소 거처할 때에는 공경恭敬을 극진히 하고, 봉양奉養할 때에는 즐거움을 극진히 하고, 병환病患이 드셨을 때에는 근심을 극진히 하고, 상喪을 당해서는 슬픔을 극진히 하고, 제사 지낼 때는 엄숙嚴肅함을 극진히 해야 한다.

자식이 불효不孝하는 것으로 말하자면, 자기 어버이는 사랑하지 않으면서 다른 사람을 사랑하며, 자기 어버이는 공경하지 않으면서 다른 사람을 공경하며, 사지四肢를 게을리 하여 부모 봉양을 생각하지 않으며, 장기나 바둑, 술 마시기를 좋아하여 부모 봉양을 생각하지 않으며, 재물을 좋아하고 처자식만 사랑해서 부모 봉양을 생각하지 않으며, 눈과 귀에 즐거운 것만 따라서 부모를 욕되게 하며, 용맹勇猛을 좋아하여 싸우고 사나워서 부모를 위태危殆롭게 하는 것이다.

아! 그 사람의 행실行實이 착한지 아닌지를 살펴보려면 반드시 먼저 그 사람이 효도孝道하는지 불효不孝하는지를 살펴봐야 할 것이니, 삼가지 않으며 두려워하지 않을 수 있겠는가?

만일 부모에게 효도한다면 그 마음을 군신君臣 사이, 부부夫婦 사이, 어른과 어린이 사이, 친구 사이에 미루어나감에 어디에 적용適用한들 불가不可하겠는가?

그렇다면 효도는 사람에게 있어서 중대重大한 것이지만, 또한 고원高遠하여 실천하기 어려운 일이 아님을 알 수 있다.

그러나 스스로 태어나면서부터 아는 자가 아니라면 반드시 학문學問을 통해 알게 된다. 학문學問의 목적目的은 다른 데 있는 것이 아니다. 고금古今의 역사歷史를 통달通達하며 사리事理를 통달하여 이를 마음에 보존하며 몸으로 실천하고자 하는 것이니, 학문에 힘쓰지 않을 수 있겠는가?

이 때문에 역대歷代의 중요한 의리를 뽑아 아래에 기록한다.

※ 본서에는 중국中國 역사 등에 관련된 내용을 싣지 않았다.

우리 동방東方에 처음에는 임금이 없었는데, 신인神人 환웅桓雄이 태백산太白山(백두산) 박달나무[檀木] 아래로 내려오자, 나라 사람들이 그의 아들 단군왕검檀君王儉을 임금으로 세웠다. 요堯임금과 같은 시대에 즉위卽位하여 나라 이름을 조선朝鮮이라 했는데, 이가 단군檀君이다.

주周나라 무왕武王이 기자箕子를 조선에 봉封하자, 기자가 백성들에게 예의禮義를 가르쳐서 여덟 조목條目의 가르침을 베푸니, 어진 사람인 기자의 교화敎化가 있었다.

연燕나라 사람 위만衛滿이 노관盧綰의 난리를 피하여 조선으로 망명해 와서 조선의 왕 기준箕準을 유인하여 내쫓고 왕검성王儉城을 점거하였다.

위만의 손자인 우거왕右渠王 때에 이르러 한漢나라 무제가 토벌討伐하여 멸망시키고 그 영토領土를 분할分割하여 낙랑樂浪, 임둔臨屯, 현도玄菟, 진번眞蕃의 4군四郡을 설치하였다.

한나라 소제昭帝가 평나平那와 현도를 합쳐서 평주平州로 만들고, 임둔과 낙랑을 동부東部의 두 도독부都督府로 만들었다.

기준이 위만을 피해 바닷길을 따라 남쪽으로 내려와서 금마군金馬郡에 정착定着하니 이것이 마한馬韓이다. 진秦나라에서 망명亡命한 사람들이 노역勞役을 피하여 마한 땅으로 들어오자, 마한이 동쪽 영토를 분할하여 떼어주니 이것이 진한辰韓이다. 변한弁韓은 마한 땅에 나라를 세웠는데, 그 시조始祖와 연대年代는 알 수 없다. 이것을 삼한三韓이라 한다.

신라新羅의 시조始祖 혁거세赫居世는 진한 땅에 도읍都邑을 정하여 박朴을 성姓으로 삼았다. 고구려高句麗의 시조 주몽朱蒙은 졸본卒本 땅에 이르러 도읍을 정하여 스스로 고신씨高辛氏의 후손後孫이라 칭稱하고는 그에 따라 고高를 성으로 삼았다. 백제百濟의 시조 온조溫祚는 하남河南 땅 위례성慰禮城에 도읍을 정하여 부여夫餘를 성씨姓氏로 삼았다. 그리하여 삼국三國이 각각 한 모퉁이를 차지하여 서로 침략侵略하고 정벌征伐하였다.

그 뒤에 당唐나라 고종高宗이 백제와 고구려를 멸망시키고 그 영토를 분할하여 도독부都督府를 설치하여 유인원劉仁願과 설인귀薛仁貴를 주둔駐屯시켜 다스리게 하니, 백제는 왕조王朝의 수명壽命이 678년, 고구려는 왕조의 수명이 705년에 이르렀다.*

* 고구려와 백제에서 부흥운동이 일어나 당나라에 저항하였으며, 이후 나당전쟁羅唐戰爭으로 이어져 당나라는 대동강大同江 이북으로 철수하였다는 기록이 빠져 있다.

신라 말기에 궁예弓裔가 원주原州에서 반란叛亂을 일으켜 나라 이름을 태봉泰封이라 하였다. 견훤甄萱이 반란을 일으켜 완산完山을 점거하여 스스로 후백제後百濟라 하였다. 신라가 멸망하니, 박씨朴氏, 석씨昔氏, 김씨金氏 세 성이 서로 왕위王位를 이어 왕조의 수명이 992년에 이르렀다.

태봉의 여러 장수들이 고려高麗 태조太祖 왕건王建을 세워 왕으로 삼으니, 나라 이름을 고려라 하였다. 흉악凶惡한 무리들을 제거除去하고 삼한三韓 한반도韓半島 지역을 통합統合하여 개성[松嶽]으로 도읍을 옮겼다.

고려 말엽에 이르러 공민왕恭愍王은 후사後嗣가 없었고, 가짜 임금인 신우辛禑*는 어리석고 포악暴惡하고 방자放恣하였으며, 공양왕恭讓王은 임금 노릇을 제대로 못하여 드디어 망하니, 왕조의 수명이 475년에 이르렀다.

* 신우辛禑는 고려의 왕인 우왕禑王으로, 신돈辛旽의 비첩婢妾이었던 반야般若의 소생이다. 이성계李成桂가 조선朝鮮을 건국하는 과정에서 우왕을 공민왕恭愍王의 자식 아닌 신돈의 소생이라 하였으며, 그의 아들 창왕昌王의 정통성을 부인하였다. 이는 전 왕조의 비리와 부도덕성을 부각한 경우이겠으나, 정통 출생이 아닐 수도 있다.

천명天命이 진정한 군주 태조(이성계李成桂)에게 돌아가니 명明나라 태조 고황제高皇帝가 나라 이름을 조선朝鮮이라 고쳐서 내려주었다. 그리하여 한양漢陽에 도읍을 정하니, 성스럽고 신령스런 자손들이 끊임없이 계승繼承하여 거듭 빛나, 그 덕이 여러 번 백성들에게 스며들어서 오늘날에 이르렀으니, 참으로 만세萬歲토록 끝없을 아름다움이다.

아! 우리나라는 바다 한쪽 귀퉁이에 치우쳐 있어서 국토國土가 좁지만, 예악법도禮樂法度와 의관衣冠과 문물제도文物制度를 모두 중국의 제도를 따랐다. 그리하여 인륜人倫이 위에서 밝혀지고 교화가 아래에서 시행施行되어 아름다운 풍속風俗이 중국과 비슷하였다. 이 때문에 중국 사람들이 우리나라를 작은 중화中華 즉 소중화小中華라고 일컬으니, 이 어찌 기자箕子가 남긴 교화 때문이 아니겠는가?

아! 이 책을 배우는 너희 어린아이들은 마땅히 이것을 보고 느껴서 분발奮發해야 할 것이다.

8. 임금님이 쓴 서문〔어제서御製序〕

이 책은 우리나라 유학자 박세무朴世茂(1487~1564)가 저술한 것이다. 앞에는 오륜五倫을 총론總論으로 놓고, 다시 부자父子, 군신君臣, 부부夫婦, 장유長幼, 붕우朋友의 도리를 차례대로 열거하였으며, 태극太極이 처음 나뉨으로부터 삼황三皇, 오제五帝, 하夏, 은殷, 주周, 한漢, 당唐, 송宋을 거쳐 명明나라까지 역대歷代의 세계世系를 자세히 기록하였다.

그리고 우리나라에 대해서는 단군檀君에서부터 시작하여 삼국시대三國時代를 거쳐 조선朝鮮에 이르기까지 또한 모두 기재하였으니, 글은 비록 간략하지만 기록한 내용은 넓고, 책은 비록 작지만 포괄하고 있는 뜻은 더없이 크다.

더군다나 요순堯舜의 도道는 효도와 공경 즉 효제孝悌일 뿐이다. 순임금이 설契에게 명령하되 오륜五倫을 가장 중시하였으니, 이 책에서 오륜을 맨 앞에 놓은 것은 그 뜻이 크다 하겠다.

아, 부모에게 효도한 후에야 임금에게 충성할 수 있고, 형을 공경한 뒤에야 어른을 공경할 수 있다. 이로써 보면 오륜 가운데 효도와 공경이 제일이다.

그러나 ≪시경詩經≫에서 문왕을 찬미하여 "아, 경敬을 계속하여 밝혔다." 하였으니, 경敬이란 처음과 끝을 이루고 위와 아래에 모두 통하는 공부工夫이다.

그러므로 ≪대학大學≫의 골자骨子는 곧 '경敬' 한 글자에 있고, ≪중용中庸≫의 골자는 곧 '성誠' 한 글자에 있으니, 성과 경은 학문에 있어 수레의 두 바퀴와 같고 새의 양 날개와 같다고 하겠다.

이제 나는 이 책에서 '성'과 '경' 두 글자를 책의 맨 앞에 놓으니, '성'을 이룩한 뒤에야 책은 책대로 나는 나대로인 서자아자書自我自의 병폐를 면할 수 있고, '경'을 유지한 뒤에야 공경히 체행體行하고 공경히 따를 수 있을 것이니, 배우는 자가 어찌 이를 소홀히 할 수 있겠는가?

나는 또 책 끝에 "국초國初에 나라를 세우고 조선朝鮮이라는 국호國號를 받았다."는 부분에 이르러서, 개연히 추모하여 세 번이나 반복해서 읽고 감회를 일으켰다.

아, 끊임없이 이어서 거듭 덕을 빛내고 그 덕이 여러 번 백성들에게 스며든 것은 실로 선왕先王들께서 지극한 덕과 깊은 은혜를 후손들에게 넉넉히 남겨주시어 이룩된 것이다.

그러하니 국가의 체통體統을 이어갈 임금들이 이 지극한 덕을 몸소 행하여 조심하고 두려워하여 성심誠心으로 자신의 마음을 가다듬어 공평함에 이르고, 성심으로 백성을 사랑하여 영원토록 백성들을 보호한다면 우리나라는 잘 다스려질 것이며, 우리나라는 잘 다스려질 것이다.

또 우리나라의 예의禮義는 비록 기자箕子의 교화에서 비롯되었으나 삼한三韓 이후에는 거의 없어졌는데, 우리 조선조에 들어와서 예악禮樂이 모두 거행되고, 문물이 다 갖추어지게 되었다. 그런데 이 책의 저자가 이러한 사실을 빠뜨리고 기록하지 않았으니, 애석하다.

아, 어린아이들은 더욱 노력해야 할 것이다.

임술년(1742) 1월 초에 교서관校書館에 명령하여 인쇄해서 널리 배포하게 하고 책머리에 서문을 쓰다.

9. 발문跋文

맹자孟子께서 말씀하셨다.

"그 사람의 글을 읽고 그 사람의 시詩를 읽으면서도 그 사람을 알지 못한다면 되겠는가?"

내가 어릴 때 다른 집안 자제子弟들을 보니 초학자初學者들이 모두 이 책부터 먼저 배웠는데, 다만 이 책이 누구의 손에서 나왔는지 알지 못했다. 그런데 지금 진사進士 박정의朴廷儀 씨가 내게 찾아와 말하였다.

"이 책은 우리 고조부高祖父이신 휘諱 세무世茂께서 엮으신 것입니다."

그러자 나는 나도 모르게 놀라고 기뻐서 답하였다.

"오늘에야 비로소 그 사람을 알게 되었다."

공은 명종明宗 때의 이름난 신하이다. 그의 학문은 연원淵源이 있고, 문로門路 방법과 순서 또한 매우 바르니, 이 책을 보면 알 수 있다.

내용이 포괄적이면서도 간략하게 설명하였으니, 이는 학문하는 가운데 직접 체득體得해야 할 하나의 큰 공적公的인 의논이요, 차례로 서술한 역대歷代의 사실은 또 사가史家의 총체總體적인 목차目次이다.

어떤 사람은 이 책에 실린 이理·기氣나 성性·명命과 같은 말은 아이들이 배워서 알 수 있는 것이 아니라고 의심한다. 그러나 이는 저자의 본래 의도意圖가 어디에 있는지 알지 못한 것이다.

주자朱子가 일찍이 인仁에 대한 내용을 논하여 말하였다.

"이러한 종류의 명칭과 의미에 대해, 옛사람들이 가르칠 때에 소학小學을 배울 때부터 이미 명백明白하고 간략簡略하고 분명分明한 가르침이 있었다. 그러므로 배우는 사람은 이러한 도리를 착실하게 실천하지 않으면 안 된다는 사실을 알고 있었기에 실제로 이러한 경지에 나아갈 수가 있는 것이다. 만약 전혀 알지 못하던 것이라면 그가 찾는 것은 마침내 평생토록 알지 못하는 일이 되고 말 것이니, 다시 어디를 바라보고 사모하여 힘을 쓸 줄을 알겠는가?"

요즘 배우는 아이들이 이러한 여러 가지 명칭名稱과 의미意味가 구분됨을 대략이나마 이해하여, 마침내 귀결歸結되는 바가 있음을 아는 것은 이 책에서 얻은 것일 것이니, 그 공로功勞가 어찌 크지 않겠는가?

들으니 지금 성상聖上께서 경연經筵에 참석하실 때마다 이 책에 대해 말씀하시기를 즐기신다고 하니, 임금의 밝으신 학문이 반드시 이 점을 아시기 때문일 것이다.

공의 자字는 경번景蕃이요, 본관은 함양咸陽이니, 과거科擧에 급제하여 처음에 한림翰林이 되었고, 벼슬이 군자감정軍資監正에 이르렀다.

정승을 지낸 소재蘇齋 노수신盧守愼이 지은 공의 묘갈명墓碣銘에는 이렇게 쓰여 있다.

"공이 일찍이 ≪동몽선습童蒙先習≫이란 책을 지어 그 자제들을 가르쳤다."

숭정崇禎* 기원 후 경술년庚戌年(1670) 10월 어느 날에 은진恩津 사람 송시열宋時烈은 삼가 발문跋文을 쓰다.

* 숭정崇禎은 명明나라 제16대 황제인 의종毅宗 주유검朱由檢의 연호年號(1627~1644)로, 명나라의 마지막 연호이다. 하지만 우리나라에서는 청淸나라를 인정하지 않아, 명나라가 망한 뒤에도 이 연호를 사용하였다.

격몽요결 擊蒙要訣

격몽요결 서문擊蒙要訣序文

사람이 이 세상에 태어나 학문學問이 아니면 올바른 사람이 될 수 없으니, 이른바 학문이란 이상異常하거나 별다른 일이 아니다.

학문이란 단지 부모는 자식을 사랑하고, 자식은 부모에게 효도孝道하며, 신하는 나라에 충성忠誠하고, 부부 사이에는 분별分別이 있고, 형제 사이에는 우애友愛하고, 젊은이는 어른을 공경恭敬하고, 친구 사이에는 신의信義가 있는 것이다.

이런 일들은 모두 날마다 생활生活하면서 일에 따라 각기 알맞게 하면 될 뿐이지, 깊고 미묘한 데에 마음을 써서 신기한 효과效果를 바라는 것이 아니다.

배우지 않은 사람은 마음이 물욕物慾에 가리어 꽉 막히고 식견識見이 어둡다. 그러므로 반드시 책을 읽고 이치理致를 연구硏究하여 마땅히 행해야 할 도리를 밝힌 다음에야 학문의 조예造詣가 바르게 되고, 실천實踐이 한편에 치우치지 않은 중도中道를 얻게 될 것이다.

지금 사람들은 학문이 일상생활日常生活에 있음을 알지 못하고, 제멋대로 학문은 높고 멀어서 행하기 어려운 것이라고 생각한다. 그러므로 학문을 다른 사람에게 미루고 스스로 포기하는 것을 편안히 여기니, 어찌 슬프지 않겠는가?

내가 해주海州 남쪽에 살 곳을 정하자, 한두 명의 학생學生이 찾아와서 묻고 배웠다. 나는 그들의 스승이 될 만한 자질이 없음이 부끄러웠지만, 한편으로는 처음 배우는 학생學生이 공부工夫하는 방법方法과 방향方向을 알지 못할까 걱정되었다. 또 한편으로는 학문에 대한 굳은 뜻이 없이 대충 배우고서 더 가르쳐주기만 청하면 배우는 학생이나 가르치는 선생이 서로 도움 될 것이 없고 도리어 남의 비난非難을 살까 걱정되었다.

그래서 간략하게 책 한 권을 써서, 뜻을 세우고 행실行實을 삼가며, 어버이를 받들고 남을 대하는 방법 등을 대략 서술하고, 책 이름을 ≪격몽요결擊蒙要訣≫이라 하였다.

이는 학생들로 하여금 이 책을 보고 마음을 씻고 새롭게 출발出發하여 바로 그날로 공부에 착수着手하게 하려는 것이었다. 나 또한 오랫동안 구태의연舊態依然하게 생활해온 것을 근심했는데, 이로써 스스로 경계하고 살피고자 한다.

선조宣祖 정축년丁丑年(1577) 12월 덕수德水 사람 이이李珥는 쓰다.

제1장 뜻을 세워야〔입지장立志章〕

처음 배우는 사람은 우선 뜻을 세우되, 반드시 성인聖人이 되겠다는 목표目標를 세우고, 조금이라도 자신을 하찮게 여겨서 핑계대려는 생각은 하지 말아야 한다.

보통 사람이나 성인이나 그 본성本性은 똑같다. 타고난 기질氣質은 비록 맑고 흐리며 순수하고 잡된 차이가 없을 수 없으나, 만약 참되게 알고 실천하여 옛날의 나쁜 습관을 버리고 처음의 본성을 회복回復한다면, 털끝만큼을 보태지 않더라도 온갖 선善이

충분히 갖추어질 것이니, 보통 사람이라고 해서 어찌 성인이 되겠다는 목표를 세우지 않을 수 있겠는가?

그러므로 맹자孟子께서는 사람의 본성이 선하다고 하시고, 요堯임금과 순舜임금을 일컬어 실제로 증명證明하시며 말씀하실 때마다 반드시 "사람은 누구나 요임금과 순임금처럼 될 수 있다." 하셨으니, 맹자께서 어찌 우리를 속이셨겠는가?

그러하니 항상 자신을 일깨우며 스스로 이렇게 다짐해야 할 것이다.

"사람의 본성은 원래 착하여 옛날과 지금, 지혜로운 사람과 어리석은 사람의 차이가 없다. 그런데 성인은 무슨 이유로 유독 성인이 되고, 나는 무슨 이유로 보통 사람일 뿐인가?

이는 진실로 뜻을 확고確固하게 세우지 못하고, 아는 것이 분명分明치 못하며, 행실行實이 착실着實하지 못하기 때문이다. 뜻을 확고하게 세우고 알기를 분명하게 하고 행하기를 착실하게 하는 것은 모두 내게 달려 있으니, 성인이 되는 방법을 어찌 다른 데서 찾을 것이 있겠는가?

공자의 제자 안연顔淵이 '순임금은 누구이며 나는 누구인가? 훌륭한 일을 하는 사람은 또한 이 순임금과 같다.' 했으니, 나도 안연이 순임금 같은 성현聖賢이 되기를 바란 것을 본받아야겠다."

사람의 용모容貌는 못 생긴 것을 잘 생기게 할 수 없고, 체력體力은 약弱한 것을 강强하게 할 수 없으며, 키는 작은 것을 크게 할 수 없다. 이러한 것은 이미 타고난 것으로 고칠 수 없는 것이다.

하지만 사람의 마음과 뜻은 어리석은 것을 슬기롭게 바꿀 수 있고, 못난 것을 어질게 바꿀 수 있다. 이는 마음이 맑고 신령神靈스러워 태어날 때 부여附與받은 기질氣質에 구애拘礙받지 않기 때문이다.

슬기로움보다 아름다운 것이 없고 어짊보다 귀중한 것이 없는데, 무엇이 괴로워서 어짊과 슬기로움을 실천하지 않아, 하늘이 주신 본성本性을 망가뜨리는가? 사람이 이러한 뜻을 굳게 지켜 물러서지 않는다면 거의 도道에 가까운 사람이라 할 수 있을 것이다.

무릇 사람이 스스로 뜻을 세웠다고 하면서 즉시 공부하지 않고 미적거리면서 후일後日을 기다리는 것은, 말로만 뜻을 세우고 실제로는 배우고자 하는 참된 마음이 없기 때문이다.

내가 참으로 배움에 뜻을 두었다면, 인仁을 실천하는 일은 자신에게 달려 있어 자신이 인을 실천하려고 들면 인이 곧바로 이르는 것과 같으니, 어찌 다른 사람에게 구하고, 어찌 다음을 기다리겠는가? 뜻을 세우는 것이 중요한 까닭은 즉시 공부에 착수하여 행여 이르지 못할까 애태워서, 항상 공부할 것을 생각하여 물러서지 않기 때문이다.

만일 혹시라도 뜻이 참되고 굳세지 못하여 옛 습관習慣을 버리지 못하고 그럭저럭 세월歲月만 보낸다면 늙어 죽는다 한들 어찌 성취함이 있겠는가?

제2장 구습舊習을 고쳐야〔혁구습장革舊習章〕

사람이 배움에 뜻을 두었다 해도 용감勇敢하게 매진邁進하여 학문을 성취成就하지 못하는 까닭은 구습舊習에 가로막혀 무너지기 때문이다. 구습의 조목을 하나하나 들면 다음과 같은데, 만약 뜻을 굳게 세워 구습을 단호斷乎하게 끊어버리지 않는다면 끝내 학문을 할 수 있는 기초基礎가 마련되지 않을 것이다.

첫째, 마음과 뜻을 게을리 하고 몸가짐을 함부로 해서, 한가閑暇하고 편안便安하기만 바라고 구속拘束을 매우 싫어하는 것이다.

둘째, 항상 움직이려고 하여 조용히 안정하지 못하고, 어지럽게 드나들며 이야기로 세월만 보내는 것이다.

셋째, 여러 사람들과 의견이 같은 것을 좋아하고 다른 것을 싫어하며, 세속世俗에 빠져서, 조금 행실을 닦고 삼가려 하나 남들과 어긋날까 두려워하여 부화뇌동附和雷同하는 것이다.

넷째, 문장文章으로 세상世上의 명예名譽 얻기를 좋아해서 경전經典을 표절剽竊하여 쓸데없이 화려華麗하기만 한 문장을 꾸미는 것이다.

다섯째, 글씨와 편지 쓰기에 힘을 쏟고, 거문고 타고 술 마시는 것을 일삼아 한가히 놀면서 세월을 보내며 스스로는 고상高尙한 운치韻致라고 여기는 것이다.

여섯째, 한가하게 무위도식無爲徒食하는 사람들을 모아 바둑이나 장기를 두며 배부르게 먹고 하루를 보내며 남과 다투기를 좋아하는 것이다.

일곱째, 부귀富貴를 부러워하고, 가난하고 천한 것을 싫어하여 나쁜 옷과 나쁜 음식을 몹시 부끄럽게 여기는 것이다.

여덟째, 즐기고 좋아하는 욕심慾心을 절제節制함이 없어 끊고 억제抑制하지 못해서 돈과 음악音樂과 여색女色에 빠져 사탕처럼 달게 여기는 것이다.

구습이 마음을 해치는 것이 대략 이와 같으니, 그 나머지는 이루 다 들기가 어렵다.

이런 습관은 사람의 뜻을 견고堅固하게 지키지 못하게 하고 행실을 독실篤實하지 못하게 한다.

그리하여 오늘 한 일을 내일 고치기 어렵고, 아침에 그런 행동을 후회後悔하고는 저녁때 또 같은 행동行動을 한다. 반드시 용맹스런 뜻을 크게 분발奮發하여 단칼에 뿌리를 잘라내듯이 마음을 깨끗이 씻어내어 털끝만 한 뿌리라도 없게 하며, 항상 크게 반성反省하는 공부를 더하여 이로 인해 마음에 한 점의 더러움이 없도록 한 후에 배움을 진보進步시키는 공부를 논할 수 있을 것이다.

제3장 몸가짐이 성실誠實해야〔지신장持身章〕

배우는 사람은 반드시 참된 마음으로 도道를 지향指向하여, 세상의 속된 여러 가지 일로 그 뜻을 어지럽히지 않은 뒤라야 배움의 기초가 잡히게 된다. 그러므로 공자孔子께서 말씀하셨다.

"나에게나 남에게나 진실眞實한 태도態度를 주로 한다.[主忠信]"

주자朱子는 이것을 이렇게 해석解釋하였다.

"사람이 진실하지 않으면 모든 일에 진실됨이 없어서, 악惡을 저지르기는 쉽고, 선善을 실천하기는 어렵다. 그러므로 반드시 나에게든 남에게든 진실한 태도를 근본으로 삼아야 한다."

따라서 반드시 진실한 태도를 주로 삼고 용감히 공부한 뒤라야 성취하는 바가 있을 수 있다. 남송南宋의 학자로 주자의 문인門人인 면재勉齋 황간黃幹이 "마음을 진실되게 하고, 고생苦生을 이겨내며 애써 공부하라."고 한 두 마디 말은 그 뜻을 남김없이 밝힌 것이다.

항상 반드시 일찍 일어나고 늦게 잠자리에 들며, 옷차림을 단정端正히 하고 얼굴빛을 엄숙嚴肅하게 하여 손을 모으고 반듯하게 앉으며, 걸음걸이는 안정되고 조용히 하며, 언어言語를 신중히 하여 모든 동작動作을 가볍고 소홀히 하여 잠시라도 얼렁뚱땅 지나쳐버리는 일이 없어야 한다.

몸과 마음을 다스리는 데는 구용九容보다 중요한 것이 없고, 학문에 나아가고 지혜를 더하는 데는 구사九思보다 중요한 것이 없다.

구용九容이란, 사람이 갖추어야 할 아홉 가지 몸가짐으로, 그 내용內容은 다음과 같다.

첫째, 발 모양을 신중愼重하게 하는 족용중足容重이니, 가볍게 행동하지 않는 것이다.

둘째, 손 모양을 공손恭遜하게 하는 수용공手容恭이니, 손을 게을리 놀리지 않고 일이 없을 때에는 단정히 모으고 함부로 움직이지 않는 것이다.

셋째, 눈 모양을 단정端正히 하는 목용단目容端이니, 눈동자를 안정시켜 정면正面으로 똑바로 보고 흘겨보거나 훔쳐보지 않는 것이다.

넷째, 입 모양을 꼭 다무는 구용지口容止이니, 음식을 먹거나 말을 할 때가 아니면 입을 움직이지 않는 것이다.

다섯째, 말소리를 조용히 하는 성용정聲容靜이니, 구역질이나 트림 따위의 잡소리를 내지 않는 것이다.

여섯째, 머리 모양을 똑바르게 하는 두용직頭容直이니, 기울여 돌리거나 한쪽으로 갸우뚱하지 않는 것이다.

일곱째, 숨 쉬는 모양을 엄숙嚴肅하게 하는 기용숙氣容肅이니, 호흡을 조용히 고르게 해서 소리가 나지 않게 하는 것이다.

여덟째, 서 있는 모양을 덕德스럽게 하는 입용덕立容德이니, 똑바로 서고 몸이 한쪽으로 기울어지지 않아서 덕스러운 기상氣像이 있어야 하는 것이다.

아홉째, 얼굴 모양을 씩씩하게 하는 색용장色容莊이니, 힘차서 게으른 기색氣色이 없어야 하는 것이다.

구사九思란, 군자君子가 항상 수시隨時로 반성하여 생각해야 할 아홉 가지 일로, 그 내용은 다음과 같다.

첫째, 볼 때에 분명分明하게 볼 것을 생각하는 시사명視思明이다.

둘째, 들을 때에 막힘없이 총명聰明하게 들을 것을 생각하는 청사총聽思聰이다.

셋째, 얼굴빛을 온화溫和하게 하여 화를 내거나 거친 기색이 없게 할 것을 생각하는 색사온色思溫이다.

넷째, 용모를 공손恭遜히 할 것을 생각하는 모사공貌思恭이다.

다섯째, 말을 미덥고 성실誠實하게 할 것을 생각하는 언사충言思忠이다.

여섯째, 일할 때에 한 가지 일이라도 조심操心하고 공경恭敬할 것을 생각하는 사사경事思敬이다.

일곱째, 의심疑心이 날 때에 선각자先覺者에게 자세하게 물을 것을 생각하는 의사문疑思問이다.

여덟째, 분할 때에 이치理致로써 이겨내고 환난患難이 있을 것을 생각하는 분사난忿思難이다.

아홉째, 재물을 보면 의義와 이利를 구분하여 의에 합한 뒤에야 취할 것을 생각하는 견득사의見得思義이다.

항상 구용과 구사를 마음속에 두고 몸을 단속團束하여 잠시暫時라도 잊지 말아야 하며, 또 이것을 앉는 자리의 좌우左右에 써 붙여놓고 항상 눈여겨보아야 할 것이다.

예禮가 아니면 보지 말고, 非禮勿視
예가 아니면 듣지 말며, 非禮勿聽
예가 아니면 말하지 말고, 非禮勿言
예가 아니면 움직이지 말라. 非禮勿動

이 네 가지는 자신自身을 수양修養하는 요점要點이다.

예와 예가 아닌 것을 처음 배우는 사람은 분별分別하기 어렵지만, 이치理致를 깊이 연구硏究하여 이것을 밝혀서 이미 알게 된 것을 힘써 행한다면 반 이상을 깨달은 것이다.

배우는 것은 일상생활 속에 있다. 만약 평소 생활을 공손히 하고, 일처리하기를 신중히 하며, 남을 진실하게 대하면 이것이 곧 배우는 것이니, 책을 읽는 것은 이러한 이치를 밝히려는 것일 뿐이다.

옷은 화려華麗하고 사치奢侈스러울 것이 아니라 추위를 막기만 하면 되고, 음식飮食은 달고 맛있어야 하는 것이 아니라 배고픔만 면하면 되며, 집은 넓고 편안해야 되는 것이 아니라 병나지 않을 정도면 된다.

하지만 오직 학문하는 노력과 올바른 마음가짐과 위엄 있는 몸가짐은 날마다 힘쓰고 또 힘써서 스스로 만족하지 말아야 한다.

자신의 사욕私慾을 이기는 극기공부克己工夫가 일상생활 중에 가장 절실切實하니, 여기서 극기克己란 내 마음이 좋아하는 것이 하늘의 이치에 맞지 않는 것을 이겨냄을 말한다.

반드시 내 마음이 여색女色을 좋아하는가? 이익利益을 좋아하는가? 명예名譽를 좋아하는가? 벼슬하기를 좋아하는가? 편안하게 지내기를 좋아하는가? 잔치하고 즐기기를 좋아하는가? 진귀한 보배를 좋아하는가? 잘 살펴보아야 한다.

그리하여 좋아하는 모든 것이 만약 이치에 맞지 않으면 일절一切 단호히 끊어서 싹과 맥脈을 남겨두지 않은 뒤에야, 내 마음이 좋아하는 것이 비로소 의리 쪽에 있게 되어, 이겨내야 할 사사로운 욕심이 없게 될 것이다.

말이 많고 잡생각이 많은 것이 마음을 수양하는 데 가장 해롭다. 일이 없으면 조용히 앉아서 마음을 보존하고, 사람을 만나면 말을 가려 간략簡略하고 신중愼重히 하여, 때에 맞은 뒤에 말하면 말이 간략하지 않을 수 없으니, 말이 간략한 자가 도道에 가깝다.

옛 성왕聖王의 제도制度에 맞는 옷이 아니면 함부로 입지 말고, 성왕의 법도法度에 맞는 말이 아니면 함부로 말하지 말며, 성왕의 덕행德行이 아니면 함부로 행동行動하지 말아야 하니, 이는 마땅히 죽을 때까지 가슴속에 새겨두어야 할 것이다.

학문을 하는 자는 한결같이 도道를 행함에 뜻을 두어야 하고 부귀나 이욕利欲이나 공명功名 따위의 외물外物에 마음을 빼앗겨서는 안 된다.

바르지 못한 외물을 일체 마음에 두지 말아서, 사람들이 모인 곳에 만약 장기나 바둑 또는 다른 놀음판을 벌려놓았거든 눈길을 돌리지 말고 뒷걸음쳐 물러나야 하며, 광대나 기생妓生들이 노래하고 춤을 추거든 반드시 피해 가야 한다.

또 사람들이 많이 모인 자리에서 존대尊待해야 할 어른이 억지로 머물라고 해서 피할 수 없는 경우는, 참석은 하더라도 용모를 단정히 하고 마음을 맑게 하여 간사奸邪한 소리와 음란淫亂한 여색女色이 나를 침범侵犯하지 못하게 해야 할 것이다.

잔치에서 술을 마실 때에는 취하도록 많이 마시지 말고, 취기醉氣가 오르면 그치는 것이 좋다.

모든 음식은 적당適當히 먹어야 하니, 실컷 먹어서 기운氣運을 상하게 해서는 안 된다.

말과 웃음은 간략하고 신중히 해야 하니, 시끄럽게 떠들며 그 절도節度를 넘어서는 안 된다.

행동거지行動擧止는 마땅히 안정되고 분명하게 해야 하니, 거칠고 경솔하게 하여 위엄 있는 몸가짐을 잃어서는 안 된다.

일이 있으면 이치를 따라 일을 처리하고, 책을 읽으면 정성을 다해 이치를 연구해야 한다.

이 두 가지를 제외除外하고는 조용히 앉아 마음을 가라앉혀서 나의 마음으로 하여금 늘 고요해서 어지럽게 일어나는 잡념雜念이 없게 하며, 늘 깨어 있어서 어리석은 실수失手가 없게 해야 한다. 경敬으로써 마음을 바르게 한다는 경이직내敬以直內는 이와 같은 것을 말한다.

마땅히 몸과 마음을 바르게 하여 겉과 속이 한결같아야 한다. 어두운 곳에 있어도 밝은 곳에 있는 것처럼 하고, 혼자 있어도 여러 사람과 같이 있는 것처럼 하여 이 마음으로 하여금 푸른 하늘의 밝은 해를 사람들이 모두 보듯 떳떳하게 해야 한다.

한 가지라도 의롭지 못한 일을 하거나, 한 사람이라도 죄 없는 사람을 죽여 천하를 얻을 수 있다 해도 하지 않겠다는 생각을 항상 가슴속에 두어야 한다.

경敬을 실천함으로써 근본을 세우고, 이치를 궁구窮究하여 선善을 밝히고, 힘써 행하여 그 진실을 실천하여야 하니, 이 세 가지는 죽을 때까지 해야 할 일이다.

≪시경詩經≫ 〈노송魯頌〉에 "생각에 간사함이 없다.[思無邪]" 하

였고, ≪예기禮記≫ 〈곡례曲禮〉에 "모든 일에 공경하지 않음이 없다.[毋不敬]" 하였으니, 이 두 구절句節은 일생一生 동안 쓰더라도 다 쓰지 못할 것이니, 마땅히 벽에 써 붙여놓고 잠깐 동안이라도 잊어서는 안 된다.

스스로 '마음을 보존하지 못했는지, 배움이 진전進展되지 못했는지, 행실에 힘쓰지 않았는지'를 매일 자주 점검點檢하여, 못한 것이 있으면 고치고, 없으면 더욱 부지런히 힘써서 게을리 하지 말아 죽은 뒤에야 그만둘 것이다.

제4장 독서讀書에 부지런해야〔독서장讀書章〕

배우는 사람은 항상 자신의 마음을 보존하여 외부外部의 물욕物慾이 나를 이기지 못하게 하고, 반드시 이치를 연구하고 선善을 밝힌 뒤에야 마땅히 행해야 할 도道가 분명하게 앞에 있게 되어서 진보進步할 수 있다.

그러므로 도道에 들어가는 것은 이치를 연구하는 것보다 먼저 할 것이 없고, 이치를 연구하는 데는 책을 읽는 것보다 먼저 할 것이 없다.

이는 성현聖賢이 마음을 쓴 자취와, 선행善行 중에 본받아야 할 것과 악행惡行 중에 경계해야 할 것들이 모두 책에 쓰여 있기 때문이다.

무릇 책을 읽는 사람은 반드시 단정히 손을 모으고 반듯하게 앉아서, 공경하는 마음으로 책을 대하여 마음을 쏟고 뜻을 다해

익숙하게 읽고 깊이 생각해서 의미意味를 이해理解하고 구절마다 반드시 실천할 방도方道를 구해야 한다.

만약 입으로만 읽고 마음속으로 이해하지 못하고 몸으로 실행實行하지 않는다면, 책은 책대로이고 나는 나대로일 것이니 무슨 유익有益함이 있겠는가?

먼저 ≪소학小學≫을 읽어, 어버이를 섬기고, 형을 공경하고, 임금에게 충성하고, 어른을 공경하고, 스승을 높이며, 벗을 사귀는 도리를 하나하나 자세히 익혀 힘써서 실행하여야 할 것이다.

다음은 ≪대학大學≫과 ≪혹문或問≫을 읽어, 이치를 연구하고 마음을 바르게 하며, 자기 자신을 수양하고 남을 다스리는 도리를 하나하나 참되게 알아서 진실하게 실천해야 할 것이다.

다음은 ≪논어論語≫를 읽어, 인仁을 구하고, 참된 자신을 위한 학문을 하고, 본원本原인 인仁을 함양하는 공부에 대해 하나하나 자세히 생각하고 깊이 체득體得해야 할 것이다.

다음은 ≪맹자孟子≫를 읽어, 의義와 이利를 밝게 분별하고, 인욕人慾을 막고 천리天理를 보존하는 학설學說에 대해 하나하나 밝게 살펴서 확충擴充해나가야 할 것이다.

다음은 ≪중용中庸≫을 읽어, 성性과 정情의 의미, 미루어 극진히 하는 공부, 천지天地가 제자리를 얻고 만물萬物이 생육生育되는 묘한 이치를 하나하나 깊이 음미吟味하고 찾아서 터득攄得해야 할 것이다.

다음은 ≪시경詩經≫을 읽어, 성정性情의 간사奸邪함과 바름, 선

善을 권하고 악惡을 경계하는 데 대해 하나하나 깊이 생각하여 선한 마음을 느껴 일으키고, 악한 마음을 꾸짖고 경계해야 할 것이다.

다음은 ≪예기禮記≫를 읽어, 자연自然의 법칙法則을 인간人間의 일에 적용適用하여 표현表現한 절문節文과 사람이 행동할 때 지켜야 할 도수度數를 하나하나 강구講究해서 확립確立함이 있어야 할 것이다.

다음은 ≪서경書經≫을 읽어, 요堯·순舜의 이제二帝와, 하夏나라의 우왕禹王, 은殷나라의 탕왕湯王, 주周나라의 문왕文王·무왕武王의 삼왕三王이 천하를 다스린 큰 원리原理와 원칙原則에 대해 하나하나 요령要領을 알아서 근본으로 거슬러 올라가야 할 것이다.

다음은 ≪역경易經≫을 읽어, 길흉吉凶, 존망存亡, 진퇴進退, 성쇠盛衰의 기미幾微에 대해 하나하나 잘 살피고 연구해야 할 것이다.

다음은 ≪춘추春秋≫를 읽어, 성인聖人이 선을 기리고 악을 벌하며, 악을 누르고 선을 높여 나쁜 행위行爲를 경계하고 좋은 행위를 할 수 있게 풀어주는 은미隱微한 말과 오묘奧妙한 뜻에 대해 하나하나 자세히 연구하여 깨닫도록 해야 할 것이다.

위에서 설명說明한 오서五書와 오경五經을 번갈아가며 익숙하게 읽고 이해하는 공부를 그만두지 말아서, 뜻과 이치가 날마다 더욱 밝아지게 해야 한다.

그리고 송宋나라 선현先賢들이 지은 책 가운데 주자朱子와 여조겸呂祖謙이 편집編輯한 ≪근사록近思錄≫, 주자의 ≪가례家禮≫, 진덕수眞德秀의 ≪심경心經≫, 정호程顥와 정이程頤의 저서著書인 ≪이

정전서二程全書≫, 그리고 주자의 문집文集인 ≪주자대전朱子大全≫, ≪주자어류朱子語類≫ 및 기타 성리설性理說에 관한 책을 틈틈이 정밀精密하게 읽어서, 그 뜻과 이치가 항상 내 마음에 젖어들어 어느 때고 끊어짐이 없게 하여야 한다.

그렇게 하고 여가가 있으면 역사책歷史冊을 읽어 고금古今을 막론하고, 일의 변화變化에 통달通達하여 식견識見이 자라게 해야 할 것이다.

도교道敎와 불교佛敎 등 이단異端*의 바르지 못한 책들은 잠깐 동안이라도 펼쳐보아서는 안 된다.

* 성리학性理學의 입장에서 도교와 불교를 이단異端으로 보았기 때문에 이렇게 말한 것이다.

무릇 책을 읽을 때에는 반드시 한 책을 깊이 읽어서 그 뜻을 다 깨달아 통달하여 의심이 없어진 뒤에 다른 책을 읽어야지, 많이 읽기를 탐하고 얻기를 힘써 바삐 여러 가지 책을 읽으려고 해서는 안 된다.

제5장 부모님께 효도孝道해야〔사친장事親章〕

사람들은 부모에게 효도孝道해야 한다는 사실을 모르는 이가 없지만 효도하는 자가 매우 드무니, 이는 부모님의 은혜를 깊이 알지 못하기 때문이다.

≪시경≫에 말하였다.

"아버지 나를 낳으시고, 父兮生我

어머니 나를 기르셨네. 母兮鞠我

그 은혜 갚고자 하나, 欲報之德

하늘과 같아서 끝이 없네." 昊天罔極

자식이 생명生命을 받을 적에 성性과 명命, 피와 살은 모두 어버이가 남겨주신 것이다. 숨을 쉬어 호흡呼吸함에 기혈氣血과 맥락脈絡이 서로 통하니, 이 몸은 나의 사유물私有物이 아니요, 바로 부모님께서 물려주신 기운이다.

그러므로 ≪시경≫에 말하였다.

"슬프고 슬프다. 부모님이시여! 哀哀父母

나를 낳으시느라 수고하셨다." 生我劬勞

그러니 부모의 은혜가 어떠한가? 어찌 감히 자기 몸을 자기 것이라 여겨 함부로 해쳐서 부모에게 효도하지 않을 수 있겠는가? 사람이 항상 이런 마음을 보존한다면 저절로 부모를 향한 정성精誠이 생길 것이다.

부모를 섬기는 자는 한 가지 일이나 한 가지 행실이라도 감히 제멋대로 하지 말고 반드시 부모에게 여쭌 다음에 행해야 한다.

만일 일 중에 해도 될 일을 부모께서 허락許諾하지 않으시면 반드시 자세히 말씀드려 부모께서 허락하신 뒤에 행할 것이요, 끝내 허락하지 않으시더라도 자기 뜻대로 해서는 안 된다.

매일 날이 밝기 전에 일어나 세수洗手하고 머리 빗고 옷을 입고 허리띠를 맨 다음, 부모의 침실寢室로 가서 기운을 낮추고 목소리를 온화하게 하여 더운지 추운지, 편안便安한지 불편不便한지를 여쭈어보아야 한다.

날이 어두우면 침실寢室에 가서 이부자리를 깔아드리고, 따뜻한지 서늘한지 살펴보며, 낮에 모실 때에는 항상 얼굴빛을 온화하게 하고 용모를 공손히 하여 응대應對해야 한다.

부모님 곁에서 봉양奉養하여 정성을 극진히 할 것이며, 나가고 들어올 때에는 반드시 절하고 나가며 반드시 절하고 뵈어야 한다.

지금 사람들은 대부분 부모에게 양육養育을 받기만 하고 자기 힘으로 부모를 봉양하지 않으니, 이렇게 세월을 보내면 끝내 정성껏 봉양할 때가 없을 것이다.

왕연王延의 계모가 한겨울에 살아 있는 물고기를 구해오게 했는데, 왕연이 꽁꽁 언 얼음을 두드리며 울었더니 물고기가 뛰어올랐다 함

반드시 몸소 집안일을 주관하여 맛있는 음식을 마련해 올린 뒤에야 자식의 본분本分을 비로소 수행遂行하는 것이다.

만일 부모님께서 굳이 들어주지 않으시면 집안일을 스스로 처리하지는 못하나 도와드리고, 맛있는 음식을 장만하여 어버이의 입맛에 맞도록 해야 한다.

만약 생각이 언제나 어버이를 봉양하는 데 있다면 반드시 맛있는 진미珍味를 얻을 수 있을 것이다.

진晉나라 때의 효자孝子 왕연王延은 몹시 추운 한겨울에도 자기 몸에 걸칠 온전한 옷이 없었지만, 어버이에게는 항상 맛있는 음식을 극진히 대접待接했다. 이 일은 사람으로 하여금 눈물을 흘리게 하니, 항상 이와 같은 효행孝行을 생각해야 한다.

보통 사람들의 집에서는 부자간에 부모의 자식 사랑이 자식의 부모 공경하는 마음보다 지나치니, 반드시 옛 습관을 단호하게 씻어버려, 부모에 대한 존경尊敬을 극진히 해야 한다.

부모가 앉고 누우시는 곳에서는 자식이 감히 앉거나 눕지 않으며, 부모가 손님을 접대接待하시는 곳에서는 자식이 감히 손님을 접대하지 않으며, 부모가 말을 타고 내리시는 곳에서는 자식이 감히 말을 타고 내리지 않아야 한다.

부모의 뜻이 의리義理에 해로운 것이 아니라면, 부모의 뜻을 먼저 알아차려 받들어 순종順從해서 조금도 어기지 말아야 한다.

부모의 뜻이 만일 의리에 해로운 것이라면, 온화한 기색과 부드러운 얼굴과 부드러운 음성音聲으로 간諫하고 반복反復해서 아뢰어 기어코 따르시게 해야 한다.

부모가 병환病患이 나면 마음으로도 근심하고 얼굴빛도 근심하여, 다른 일은 모두 제쳐두고 의원醫員에게 묻고 약 짓는 일에 힘써야 하니, 병이 나은 후에는 평소平素에 모시던 대로 돌아간다.

일상생활을 하면서 잠시라도 부모를 잊지 않아야 효도한다고 말할 수 있다.

몸가짐을 삼가지 않으며 말이 법도에 맞지 않아 장난이나 치면서 세월을 보내는 자는 모두 부모를 잊은 자이다.

세월은 흐르는 물과 같아 어버이를 오랫동안 섬길 수 없다. 그러므로 자식들은 반드시 정성을 다하고 힘을 다해서 어버이를 섬겨 행여 미처 하지 못할까 염려念慮하듯이 해야 한다.

옛사람의 시詩에 이르기를 "옛날 사람은 하루의 부모 봉양을 정승政丞의 자리와도 바꾸지 않았다." 하였으니, 이른바 부모님이 사실 날이 얼마 남지 않았음을 생각하여 하루하루 날을 아껴 효도한다는 애일愛日이 이와 같다.

제6장 상례喪禮는 슬픔과 공경을 다해야〔상제장喪制章〕

상례喪禮의 제도는 한결같이 주자朱子의 ≪가례家禮≫를 따라야 하니, 만일 의심스럽거나 모르는 곳이 있으면 예禮를 잘 아는 선생이나 어른에게 물어서 예를 다해야 한다.

죽은 사람의 옷을 가지고 지붕 위에 올라가 죽은 사람의 혼이 되돌아오라고 '복復, 복, 복' 하고 세 번 부를 때, 세속에서는 으레 어렸을 적의 이름을 부르는데, 이는 옳은 예禮가 아니다.

죽은 사람이 젊은 사람일 경우에는 이름을 불러도 되지만 어른일 경우에는 이름을 불러서는 안 되고, 살았을 때 부르던 이름을 불러야 한다. 부녀자의 경우에는 더더욱 이름을 불러서는 안 된다.

어머니 상을 당했을 때 아버지가 살아계시면 아버지가 상주喪主가 되니, 모든 축문祝文의 내용은 남편이 아내에게 고告하는 예

例를 써야 한다.

부모가 막 돌아가셨으면 아내와 첩妾, 며느리와 딸은 모두 머리를 풀고, 남자들은 머리를 풀고 옷깃을 걷어 올리고 맨발을 한다.

시신屍身에 수의壽衣를 입히는 소렴小殮 후에는, 남자는 왼쪽 어깨를 드러내고 머리를 묶으며 부인은 머리를 묶는다.

만일 남의 양자養子로 간 아들과 출가한 딸은 모두 머리를 풀거나 맨발을 하지 않으며, 양자인 아들은 관冠을 벗는다.

시신이 침상寢牀에 있고 아직 빈소殯所에 관棺을 안치安置하지 않았을 때에는, 남녀男女가 시신 곁에 자리할 때 남쪽을 상석上席으로 하니, 이는 시신의 머리가 있는 곳이 상석이기 때문이다.

빈소에 안치한 뒤에는 여자들은 앞서와 같이 당堂의 위에 자리하되 남쪽을 상석으로 삼고, 남자들은 뜰아래에 자리하되 북쪽을 상석으로 삼으니, 빈소가 있는 곳이 상석이기 때문이다.

상여가 집을 나가는 발인發靷 때는 남녀의 위치가 다시 남쪽을 상석으로 하니 시신을 담은 관棺인 영구靈柩가 있는 곳이 상석이기 때문이다.

이처럼 때에 따라 위치를 변경變更하는 것은 각각 예禮의 의미意味가 있는 것이다.

지금 사람들은 대부분 예를 잘 알지 못하여, 언제나 조문객弔問客이 위로慰勞할 때 전혀 움직이지 않고 엎드려 있는데, 이것은 예가 아니다.

조문객이 혼백魂魄이나 신위神位 즉 영위靈位에 절하고 나오면,

상주는 마땅히 상차喪次에서 나와 조문객을 향하여 두 번 절하고 곡哭을 해야 한다. 조문객 역시 답배答拜를 해야 한다.

상복喪服과 삼으로 만든 머리띠인 수질首絰과 허리띠인 요질腰絰은 병이 있거나 일을 하는 경우가 아니면 벗지 말아야 한다.

주자의 ≪가례≫에 "부모상에는 상복을 갖추어 입는 날에 비로소 죽을 먹고, 죽은 지 석 달 만에 지내는 제사인 졸곡卒哭날에 비로소 곱게 찧지 않은 곡식으로 지은 거친 밥을 먹고, 물만 마시고 국은 먹지 않으며, 채소와 과일도 먹지 않는다. 죽은 지 1년 만에 지내는 제사인 소상小祥이 지난 뒤에야 비로소 채소와 과일을 먹고, 국도 먹는다."고 되어 있다.

예문禮文이 이와 같으니, 질병疾病이 없으면 이대로 따라야 한다. 그런데 사람들이 혹 지나치게 예를 행하여 3년 동안 죽을 먹는 자가 있는데, 만일 효성이 남보다 뛰어나서 억지로 하는 뜻이 없다면 비록 예보다 지나치더라도 괜찮다. 그러나 효성이 지극하지 못하면서 억지로 하여 예보다 지나치게 한다면, 이는 자신을 속이고 어버이를 속이는 것이니 경계해야 한다.

지금 예법禮法을 아는 집안들이 대부분 장례를 지낸 후 신주神主를 집으로 모셔가는 반혼返魂을 하는데, 이것이 본래 바른 예법이긴 하다.

그러나 요즘 사람들은 반혼하는 행위만을 흉내 내어 묘墓 옆에 여막을 짓고 여묘廬墓살이하는 풍속을 지키지 않고, 반혼한 뒤에 각기 자기 집으로 돌아와 처자식들과 함께 생활하여 예법이 크게 무너졌으니 매우 한심寒心스럽다.

어버이 상을 당한 자는 반혼한 뒤에 일일이 예를 따를 수 있는지를 스스로 헤아려서 조금도 부족不足할 것이 없다고 생각되면 마땅히 예법에 따라 반혼해도 되지만, 만일 그렇지 못하면 옛 풍속風俗을 따라 여묘살이를 하는 것이 옳다.

어버이 상에 상복을 갖추어 입기 전에는 곡哭하고 우는 읍泣소리가 입에서 끊어지지 않게 해야 하며, 기운이 다하여 더 이상 곡할 수 없으면 하인下人이 대신 곡하게 한다.

장사 지내기 전에는 일정한 때가 없이 슬픔이 복받치면 수시로 곡하며, 졸곡을 지낸 뒤에는 아침과 저녁 두 때에만 곡한다.

예문禮文이 대개 이와 같지만, 효자孝子의 정이 지극하면 곡하고 우는 것이 어찌 정해진 숫자가 있겠는가?

상례에는 슬픔이 부족하고 예禮를 형식적으로 잘 갖춘 것보다는, 예는 부족하더라도 진정으로 슬퍼하는 것이 나으니, 상례는 슬픔과 공경을 다하는 것일 뿐이다.

공자의 제자 증자曾子가 말하기를 "사람이 스스로 정성을 지극히 하는 경우가 없지만 반드시 어버이 상을 당해서는 지극히 해야 할 것이다." 하였다. 죽은 사람을 장사 지내는 것은 어버이를 섬기는 큰 예절 가운데 하나이다. 부모님을 장사 지내는 일에 정성을 쏟지 않는다면 어디에다 정성을 쏟겠는가?

옛날에 동이족東夷族인 소련小連과 대련大連 형제는 부모님 상을 당해 상례를 잘 지켜 3일 동안 게을리 하지 않고, 석 달 동안

태만怠慢하지 않고, 1년 동안 슬퍼하고, 3년 동안 근심하였으니, 이것이 바로 상례를 잘 치르는 법칙이다.

효성이 지극한 사람은 힘쓰지 않아도 잘할 수 있지만, 미치지 못함이 있는 사람은 힘써서 예를 따라야 한다.

상중喪中에 있는 사람이 효성이 지극하지 못해 예법을 따르지 못하는 것은 말할 것도 없지만, 간혹 자질資質은 아름다우나 배우지 못한 사람이 있어 예를 행하는 것이 효도인 줄만 알고 상례에 지나치게 예를 행하다가 목숨을 잃는 것이 바른 도리를 잃는 것임을 알지 못하는 경우가 있다.

그리하여 지나치게 슬퍼하다가 몸을 훼손毁損하여 병이 났는데도 형편形便에 따라 예법을 융통성融通性 있게 적용하지 못하여 생명을 잃는 사람이 간혹 있으니, 애석哀惜한 일이다. 그러므로 지나치게 예를 행하다가 몸을 상하여 목숨을 잃는 것을 군자가 불효不孝라 하는 것이다.

무릇 상복을 입어야 할 친척의 상을 당했을 때에 만일 다른 곳에서 죽었다는 소식을 들었으면, 죽은 사람의 영혼靈魂이 의지依支할 자리인 신위神位를 설치하고 곡을 한다.

만일 상례에 참석參席해야 할 경우라면 그 집에 이르러 상복을 갖추어 입고, 만일 상례에 참석하지 못할 경우이면 4일 만에 상복을 갖추어 입는다. 만일 1년복인 자최복齊衰服을 입어야 할 상례이면 상복을 갖추어 입기 전 3일 동안 아침저녁으로 신위를 설치하고 모여 곡한다. 자최복으로서 9개월복인 대공복大功服으로 낮추어진 경우도 이와 같다.

스승과 벗 가운데 정의情誼가 중한 사람과, 친척으로서 복服은 없으나 정의가 두터운 사람과, 서로 알고 지내는 사람 중에 교분交分이 친밀한 사람은 모두 상喪이 났다는 소식을 들은 날에 만약 길이 멀어 그 상에 가서 조문할 수가 없으면 신위神位를 설치하고 곡한다.

스승의 경우 그 정의가 깊고 얕음에 따라 심상心喪* 3년, 혹은 1년, 혹은 9개월, 혹은 5개월, 혹은 3개월을 할 것이요, 친구간이면 아무리 친한 사이라도 3개월을 넘기지 않는다.

공자孔子가 죽은 뒤 제자들이 심상心喪 3년을 지냄

만약 스승의 상에 3년복이나 1년복을 입고자 하는 사람이 상이 났다는 소식을 듣고도 그 집으로 달려가 참여參與할 수 없으면,

신위를 설치하고 아침저녁으로 곡하여 4일 만에 그치는데, 만약 정이 두터운 사람이면 4일을 넘겨도 괜찮다.

복을 입는 사람은 매월 초하루에 신위를 설치하고 입어야 할 상복을 입고 모여서 곡을 하며, 스승과 친구는 복이 없으나 역시 이와 같다.

복 입어야 하는 달수가 이미 찼으면 다음 달 초하루에 신위를 설치하고 입어야 할 상복을 입고 모여서 곡하고는 상복을 벗으니, 그 사이라도 슬픔이 지극하면 곡해도 된다.

9개월 상복을 입는 대공복大功服 이상의 상을 당했을 때에 장사를 지내기 전에는 특별特別한 이유가 없으면 외출外出하지 말아야 한다.

또한 남의 상에 조문하지도 말 것이요, 항상 상을 치르는 일에 전념專念하고, 예禮를 강론講論하는 것을 일삼아야 한다.

* 심상心喪은 상복은 입지 않지만 마음으로 슬퍼하는 것을 이른다.

제7장 제사祭祀는 조상을 추모해야〔제례장祭禮章〕

제사는 주자의 ≪가례≫에 따라 사당祠堂을 세워서 선조先祖의 위패位牌를 모시고, 제사의 비용費用을 마련하기 위해 경작耕作하는 논밭을 장만하며, 제기祭器를 갖추어서 종손宗孫이 지내야 한다.

사당祠堂을 주관하는 사람은 매일 새벽마다 대문 안에서 신주神主를 뵙고 두 번 절한다. 이때 주인이 아니더라도 주인을 따라 함께 절하는 것도 무방無妨하다. 그리고 외부에 출입할 때에는 반드시 고한다.

혹 수재水災나 화재火災 혹은 도적盜賊이 들면 제일 먼저 사당을 구원하여 신주와 유서遺書를 안전安全한 곳으로 옮기고, 그 다음에는 제기祭器를 옮기고, 그런 다음에 가재家財를 옮겨야 한다.

정월正月 초하루와 동짓날과 초하루와 보름날에는 사당에 참배參拜하고, 명절名節에는 그 철에 나는 음식을 올린다.

절기節期에 지내는 시제時祭에는 근신謹愼하는 산재散齋를 4일 동안 하고, 치재致齋를 3일 동안 하여 몸과 마음을 깨끗이 한다.

기제忌祭에는 2일 동안 산재하고, 하루 동안 치재하며, 제사에 참석하는 사람은 미리 하루 동안 재계한다.

이른바 산재라는 것은 남의 초상에 조문하지 않고 환자를 문병問病하지 않으며, 파나 마늘 등 냄새나는 채소를 먹지 않고 술은 마시되 취하도록 마시지 않으며, 모든 흉하고 더러운 일에 참여하지 않는 것인데, 만일 길에서 갑자기 흉하고 더러운 것을 만나면 눈을 가리고 피하여 보지 않는 것이다.

이른바 치재致齋라는 것은 음악을 듣지 않고, 외출하지 않고, 마음에 오로지 제사 지낼 분만 생각하여, 그분이 생전生前에 일상으로 생활하시던 것을 생각하고, 웃고 말씀하시던 것을 생각하고, 좋아하시던 것을 생각하며, 즐기시던 것을 생각하는 것을 말한다.

이렇게 한 뒤에야 제사 지낼 때에 그 모습을 보는 듯하고, 그 음성을 듣는 듯하여 정성이 지극해서 신神이 제물을 받아 흠향歆饗하는 것이다.

제사는 사랑하고 공경하는 정성을 위주로 할 뿐이다. 가난하면 집안의 경제형편經濟形便에 맞추어 하면 되고, 몸에 병이 있으면 건강상태健康狀態에 따라 하면 된다. 그러나 집안형편과 건강이 허락하는 자는 마땅히 힘닿는 데까지 예법禮法대로 해야 한다.

무덤에서 지내는 제사인 묘제墓祭와 돌아가신 날 지내는 기제忌祭를 세속에서 자손들이 돌려가며 지내고 있으니, 이는 옳은 예禮가 아니다.

묘제는 비록 돌려가며 지내더라도 모두 묘소에서 제사 지내니 그래도 괜찮지만, 기제는 신주에게 제사 지내지 않고 지방紙榜에다 제사를 지내게 되니 이는 매우 미안한 일이다. 부득이不得已 돌려가면서 지내더라도 반드시 제사음식祭祀飮食을 갖추어 사당祠堂에서 지내는 것이 옳다.

장사葬事 지내는 예절인 상례喪禮와 제사祭祀 지내는 예절인 제례祭禮는 자식으로서 가장 정성을 다해야 할 일이다.

이미 돌아가신 부모를 뒤좇아 봉양할 수 없으니, 상례喪禮에 예를 다하고 제례祭禮에 정성을 다하지 않는다면 일생 동안의 비통悲痛함을 붙일 만한 일이 없고 쏟을 만한 때가 없을 것이니, 자식 된 사람의 마음이 어떠하겠는가?

공자의 제자 증자曾子께서 말씀하시기를 "장례를 삼가서 모시고 먼 조상을 추모하는 신종추원愼終追遠하면 백성의 덕德이 후하게 된다." 하였으니, 자식 된 자들은 마땅히 깊이 생각해야 한다.

지금 세속世俗에서 대부분 예를 알지 못하여 제사 지내는 의식

儀式이 집집마다 같지 않으니, 매우 우스운 일이다. 만약 한결같이 예법으로써 통일하지 않는다면, 마침내 문란紊亂하고 차례次例가 없어 오랑캐의 풍속風俗으로 돌아감을 면치 못할 것이다.

이에 제례祭禮를 뽑아 뒤에 붙이고 또 이것을 그림으로 그려놓았으니, 반드시 자세히 살펴 이대로 따라 행하되, 만약 부형父兄이 그대로 하려고 하지 않으시면 마땅히 간곡懇曲히 말씀드려 기어이 바른 데로 돌아가게 해야 할 것이다.

※ 본서에는 제례초祭禮抄를 싣지 않았다.

제8장 일상생활日常生活의 방법〔거가장居家章〕

가장家長이 된 사람은 집에 있을 때는 삼가 예법을 지켜 처자妻子를 비롯한 집안 식구를 거느려야 한다.

각자各自에게 직책職責을 나누어주고 할 일을 맡겨 성공成功하기를 바라며, 재물財物의 씀씀이는 규칙規則을 제정制定하여 수입收入을 헤아려 지출支出하고, 집안의 경제형편에 맞추어 윗사람과 아랫사람의 옷과 음식 및 애경사哀慶事의 비용을 지급支給하여야 한다.

이를 모두 등급等級에 따라 조절調節해서 균일均一하게 하며, 불필요不必要한 비용을 줄이고 사치奢侈와 호화豪華스러움을 금지禁止하여 항상 조금 여유餘裕가 있게 해서 뜻밖의 일에 대비對備하도록 해야 한다.

성인成人이 되는 의식인 관례冠禮와 혼인예식인 혼례婚禮는 마땅히 주자의 ≪가례≫에 의거依據해야 하고, 대중大衆의 세속世俗

을 따라 행해서는 안 된다.

형제兄弟는 부모께서 남겨주신 몸을 함께 받았으니, 나와는 한 몸과 같다. 그러므로 형제를 대할 때 저와 나의 구분이 없게 하여 음식飮食과 의복衣服을 함께 나누어야 한다.

형은 굶주리는데 아우는 배부르고, 아우는 추운데 형은 따뜻하다면, 이는 한 몸 가운데 팔과 다리가 한쪽은 병들고 한쪽은 건강한 것과 같으니, 몸과 마음이 어찌 어느 한쪽만 편안할 수 있겠는가?

지금 사람들이 형제 사이에 서로 사랑하지 않음은, 모두 부모를 사랑하지 않기 때문이다. 부모를 사랑하는 마음이 있다면 어찌 그 부모의 자식을 사랑하지 않겠는가?

형제가 만일 좋지 못한 행실行實을 저지르면 정성을 다해 충고忠告하고, 조금씩 도리로 타일러서 감동하여 깨닫게 해야지, 갑자기 노여운 얼굴로 심한 말을 해서 형제 사이의 화목和睦함을 잃어서는 안 된다.

지금 배우는 자들은 겉으로는 몸가짐을 조심하는 듯하나 속으로는 독실한 사람이 드물어서 부부 사이의 잠자리에서 정욕情慾을 마음대로 부려 위엄威嚴을 잃는 경우가 많다. 그러므로 부부 사이에 지나치게 허물없이 굴지 않고 서로 공경하는 사람이 매우 적으니, 이렇게 하면서 자신을 수양하고 집안을 바로잡으려 한다면 어렵지 않겠는가?

남편은 온화하면서 의義로써 제어하고, 아내는 유순柔順하면서 올바른 도리로 받들어 부부 사이에 예의禮義와 공경恭敬을 잃지 않아야 집안을 다스릴 수 있을 것이다. 만일 종전從前처럼 허물없이 굴다가 하루아침에 갑자기 서로 공경하고자 한다면 오히려 어색해져 행하기 어려울 것이다.

그러하니 아내와 서로 경계하여 반드시 전날의 습관을 버리고, 점차 예禮에 맞는 생활로 들어가는 것이 옳을 것이다. 아내가 나의 말과 행실이 한결같이 올바른 도리에서 나오는 것을 본다면 반드시 점차漸次 믿어 따르게 될 것이다.

자식을 낳으면 조금 철이 들 때부터 선善한 쪽으로 이끌어주어야 한다. 어려서부터 가르침을 받지 않고 장성하게 되면, 나쁜 짓을 익히고 마음이 흩어져서 이를 가르치기가 매우 어렵게 된다. 가르치는 것은 반드시 ≪소학≫을 따라야 한다.

한 집안에 예법이 잘 지켜지고 편지나 책 그리고 글씨 쓰기 이외의 다른 잡기雜技가 없으면, 자제子弟들의 마음이 밖으로 달아나 배움을 저버리는 잘못이 없을 것이다.

형제兄弟의 아들은 내 자식과 같으니, 사랑하고 가르치기를 자기 자식과 똑같게 해야 할 것이요, 어느 한쪽을 가볍게 하거나 박하게 하며, 중하게 하거나 후하게 해서는 안 된다.

하인下人들은 나를 대신代身해서 수고하는 사람들이라 은혜를 먼저 베푼 뒤에 위엄을 보여야 그들의 마음을 얻을 수 있으니, 주인主人과 하인下人 사이도 임금과 백성 사이와 그 이치가 똑같다.

임금이 백성을 아끼지 않으면 백성이 흩어지니 백성이 흩어지면 나라가 망하고, 주인이 하인을 아끼지 않으면 하인들이 흩어지니 집안이 패망敗亡하게 된다.

그러니 하인들에 대해서는 반드시 추위와 굶주림을 염려해서 옷과 밥을 주어 살 곳을 얻게 하며, 허물과 악행이 있으면 먼저 부지런히 가르쳐서 고치게 하고, 가르쳐도 고치지 않으면 그때에 가서 매를 때려서 그들이 마음속으로 주인이 매를 때린 것은 가르치기 위해서이지 미워해서가 아님을 알게 해야 한다. 이렇게 한 뒤에야 비복婢僕들로 하여금 마음을 고치고 얼굴도 온순하게 바꾸게 할 수 있다.

집안을 다스림에 반드시 예법으로 내외內外를 분별해서, 비록 하인들이라도 남자와 여자가 뒤섞여 거처하게 해서는 안 된다.

남자 종은 심부름이 아니면 함부로 안채에 들어가지 못하게 하고, 여자 종은 남편을 정해주어 음란하지 못하게 해야 한다. 만일 계속해서 음란한 짓을 하면 내쫓아서 따로 거처하게 하여 집안 풍속을 더럽히지 않게 해야 한다.

하인들끼리도 화목和睦하게 지내도록 해야 하니, 싸우거나 시끄럽게 구는 자가 있으면 통렬痛烈하게 제재制裁하여 금지시켜야 한다.

군자君子는 도道를 근심해야지 가난을 근심해서는 안 된다. 집이 가난하여 살아갈 방도가 없으면 가난을 벗어날 계책을 세워야 하지만 굶주림과 추위만 면할 정도면 되지, 많이 쌓아두고 풍족하게 살려는 생각을 가져서는 안 되며, 또 세간世間의 비루鄙陋한 일을 마음속에 간직해서는 안 된다.

옛날의 은자隱者 가운데는 신을 삼아 팔아서 먹고산 사람, 땔나무를 하거나 물고기를 잡아서 생활한 사람, 지팡이를 꽂아두고 김을 매며 살아간 사람이 있었는데, 이런 사람들은 부귀富貴가 그 마음을 움직이지 못하였다.

그러므로 이러한 것을 편안하게 여길 수 있었던 것이니, 만일 이해를 따지고 부유함과 가난함을 헤아린다면, 어찌 마음을 수양하는 데 해害가 되지 않겠는가?

배우는 자는 모름지기 부귀富貴를 가볍게 여기고 빈천貧賤을 지킬 것을 마음에 두어야 한다.

집에서 생활할 때 가난하면 가난 때문에 곤란困難을 겪은 나머지 마땅히 지켜야 할 도리를 잃는 사람이 많으니, 배우는 자는 이런 점에 마음을 써야 한다.

옛사람이 말하기를 "곤궁困窮할 때에는 그 사람이 하지 않는 바를 살펴보고, 가난할 때에는 그 사람이 취하지 않는 바를 살펴보면 그 사람됨을 알 수 있다." 하였고, 공자孔子께서 말씀하시기를 "소인小人은 곤궁하면 방탕放蕩하여 나쁜 짓을 한다." 하였으니, 가난 때문에 마음이 동요動搖되어 올바른 도리를 행할 수 없다면 학문을 어디에 쓰겠는가?

무릇 사양辭讓하고 받으며, 취하고 주는 경우에 반드시 의로운가 의롭지 않은가를 자세히 생각해서, 의로우면 취하고 의롭지 않으면 취하지 아니하여 털끝만큼도 그대로 지나쳐버리지 말아야 한다.

친구 사이에는 재물財物을 서로 융통融通해주는 의리가 있으니,

주는 것을 마땅히 받아야 하나, 내가 궁핍窮乏하지 않은데도 쌀이나 베를 줄 경우에는 받아서는 안 된다.

그 밖에 서로 알고 지내는 사이인 경우에는 명분名分 있는 선물膳物은 받고, 명분 없는 것은 받지 말아야 한다. 이른바 명분 있는 것이란 상례喪禮 때의 부의賻儀, 여행旅行할 때의 노자路資, 혼인婚姻 때의 부조扶助, 굶주림을 구원救援해주는 따위이다.

대단한 악인惡人이어서 마음속으로 더럽고 나쁘게 여기는 사람이면, 명분 있는 것이라 해도 받으면 마음이 편안하지 못할 것이니, 억지로 받아서는 안 된다.

맹자孟子께서 말씀하시기를 "하지 말아야 할 것을 하지 말고, 바라지 말아야 할 것을 바라지 말라.[無爲其所不爲 無欲其所不欲]" 하였으니, 이것이 바로 의義를 행하는 법이다.

중국에는 고을 수령守令들이 사사로이 받는 녹봉祿俸이 있다. 그러므로 그중에 남는 것이 있으면 그것으로 어려운 사람을 도와줄 수 있지만, 우리나라의 수령들은 별도로 받는 사사로운 녹봉이 없고 관청의 곡식으로 일상의 수요需要를 충당充當하고 있다.

그런데도 수령이 만약 사사로이 남에게 주면 많고 적고를 따질 것 없이 모두 죄가 되며, 심하면 부정不正을 저지른 장죄贓罪에 걸리는데, 이것을 받은 사람 역시 같은 죄를 받는다. 선비로서 수령이 주는 선물을 받으면 이는 바로 법으로 금하는 일을 어기는 것이다.

옛날에는 다른 나라에 들어갈 때 그 나라에서 법으로 금하는 것이 무엇인지를 물었는데, 그 나라에 살고 있는 사람이 어찌 법으로 금하는 것을 범하겠는가? 수령의 선물은 이래서 받기가 어렵다.

만일 국고國庫 곡식을 사사로이 준다면 그 사람과의 친분과 명분, 물품物品의 많고 적음을 막론하고 모두 받지 말아야 한다. 그러나 친분親分이 두터운 수령이 관아官衙에 있는 사재私財로 도와주면 받을 수 있다.

제9장 사람을 대하는 방법〔접인장接人章〕

사람을 대할 때에는 온화溫和하고 공경恭敬하기에 힘써야 한다. 나보다 나이가 갑절이 많으면 아버지처럼 섬기고, 열 살이 많으면 형처럼 섬기고, 다섯 살이 많으면 약간 공경을 더한다.

자신의 학문을 믿고 스스로 높은 체하며, 힘이 있다고 하여 남을 업신여기는 일은 절대絶對 하지 말아야 한다.

벗을 고를 때엔 배움을 좋아하고 선善을 좋아하며, 태도態度가 바르고 엄嚴하며, 성품性品이 정직正直하고 성실誠實한 사람을 가려서 함께 지내면서 타이름과 경계警戒를 겸허謙虛하게 받아들여 나의 부족한 점을 보완補完해야 한다.

게으르고 놀기 좋아하며, 나약懦弱하고 아첨阿諂하며, 말재주만 뛰어나고 바르지 못한 사람과는 사귀지 말아야 한다.

고을 사람 가운데 선善한 사람은 반드시 친근親近하게 대하여 정情을 나누고, 선하지 못한 사람이라도 나쁜 말로 그의 잘못된 행실을 드러내서는 안 되며, 예사例事롭게 대하고 왕래往來하지는 말아야 한다.

만일 전에 서로 알고 지내던 사람이라면 그저 안부安否나 묻고 다른 말을 나누지 않는다면 저절로 점차 소원해져서 원망하거나 노여워하지 않게 될 것이다.

같은 소리끼리는 서로 응하고, 같은 기운끼리는 서로 찾기 마련이다.[同聲相應 同氣相求] 내가 학문에 뜻을 두었다면 반드시 학문하는 선비를 찾게 되고, 학문하는 선비 역시 나를 찾을 것이다.

명색名色은 학문을 한다고 하지만 집에 찾아오는 쓸데없는 손님이 많아서 시끄럽게 떠들며 세월을 보내는 사람은 학문을 좋아하지 않기 때문에 그러한 것이다.

절하고 읍揖하는 예절은 미리 정할 수가 없다. 대개 아버지의 친구이면 절을 해야 하고, 나이가 나보다 15세 이상 많은 같은 동네 사람에게는 절을 해야 하며, 벼슬의 품계品階가 당상堂上이고 나이가 나보다 10세 이상 많은 사람에게는 절을 해야 하고, 나이가 20세 이상 많은 같은 고을 사람에게는 절을 해야 한다.

이 여러 가지 경우에 높이고 낮추는 자세한 내용은 그때그때 적절適切하게 하면 되지, 꼭 이상의 예에 얽매일 필요는 없다. 다만 항상 자신을 낮추고 남을 높이는 뜻을 가슴속에 두어야 한다. ≪시경詩經≫에 말하였다.

"온순溫順하고 공손恭遜한 사람이, 溫溫恭人
덕德의 근본根本이다." 惟德之基

나를 헐뜯고 비난하는 자가 있으면 반드시 스스로를 반성해보고, 만약 내게 실제로 비난받을 만한 행실이 있으면 스스로를 꾸짖어 허물 고치기를 꺼리지 말아야 한다.

만약 나의 잘못이 아주 하찮은데 그가 보태어 과장誇張해서 말했다면, 그의 말이 지나치기는 하지만 나에게 실제實際로 비난받을 만한 싹이 있는 것이다. 그러니 또한 이전以前의 잘못을 제거除去하여 털끝만큼도 남겨두지 말아야 한다.

만약 내게 본래 허물이 없는데 그가 거짓말을 지어냈다면 이는 망령妄靈된 사람에 지나지 않으니, 망령된 사람과 어찌 거짓과 진실을 따지겠는가? 또 저 사람의 허황虛荒된 비난은 귀전을 스치는 바람이나 허공을 지나는 구름 같으니, 나와 무슨 상관相關이 있겠는가?

이와 같이 생각한다면 비난을 받을 때에 허물이 있으면 고치고, 없으면 더욱 힘쓰게 되어 나에게 유익하지 않음이 없을 것이다.

만약 허물을 듣고는 스스로 시끄럽게 떠들고 변명辨明하여 굳이 자신의 허물을 덮으려 한다면, 오히려 그 허물이 더욱 깊어져 더 무거운 비난을 받을 것이다.

옛날에 어떤 사람이 비난을 그치게 하는 방법을 묻자 문중자文中子가 말하기를 "자신을 수양修養하는 것이 제일第一이다." 하였다. 다시 더 말해주기를 청하자 "변명하지 말라."고 대답하였으니, 이 말이 배우는 자의 본보기가 될 만하다.

선생이나 어른을 모실 때에는 깨닫기 어려운 의리義理를 질문質問하여, 배운 것을 확실確實하게 해야 하고, 고을의 어른을 모실 때에는 조심操心하고 공손恭遜하며 삼가서 말을 함부로 하지 아니하여, 물으시는 것이 있으면 공손히 사실대로 대답對答해야 한다.

친구와 같이 있을 때에는 도의道義를 강구講究하고 연마硏磨하여 문자文字와 의리義理를 논할 뿐, 세속世俗의 비루鄙陋한 말이나 정치政治의 잘잘못, 수령守令의 어질지 못한 점, 다른 사람의 허물과 악행惡行을 일절 입에 담지 말아야 한다.

고을 사람과 있을 때에는 묻는 대로 대답하되 비루하고 상스런 말을 입 밖에 내지 말아야 하며, 몸가짐을 점잖게 하되 절대 자랑하거나 고상한 체하는 기색을 보이지 말고, 오직 좋은 말로 타이르고 이끌어서 학문에 뜻을 두도록 해야 한다.

어린이와 함께 있을 때에는 간곡하게 효제충신孝悌忠信의 도리를 말해주어 착한 마음을 일으키게 해야 하니, 이렇게 하기를 그만두지 않는다면 지방地方의 풍속風俗을 점차 변화시킬 수 있을 것이다.

항상 온화溫和하고 공손恭遜하고 자애慈愛로우며 남에게 은혜恩惠를 베풀고 남을 구제救濟하려는 마음을 두어야 하니, 남의 것을 빼앗고 남을 해치는 일은 털끝만큼도 마음속에 두지 말아야 한다.

사람들이 자신에게 이롭게 하고자 하면 반드시 남을 침해侵害하는 데에 이른다. 이 때문에 배우는 자는 먼저 자신을 이롭게 하려는 마음을 끊어버린 뒤에야 인仁을 배울 수 있다.

지방에 사는 선비는 공적公的인 일이나 예의상禮義上 만나보는 일, 그리고 부득이不得已한 경우가 아니면 관청官廳에 드나들지 말아야 한다.

고을 수령과 아주 친밀한 사이라 하더라도 자주 찾아가 만나지 말아야 하는데, 하물며 친구 사이가 아님에랴! 도리에 맞지 않는 청탁請託 같은 것은 일절 하지 말아야 한다.

제10장 세상世上살이의 방법〔처세장處世章〕

옛날의 학자學者들은 벼슬을 구하지 않아도 학문이 성취되면 윗사람이 천거薦擧해서 등용登用하였으니, 벼슬은 남을 위하는 것이지 자신을 위한 것이 아니다.

지금 세상은 그렇지 않아서 과거科擧로 사람을 뽑아, 비록 하늘의 이치를 통달한 학문과 남보다 뛰어난 행실이 있더라도, 과거가 아니면 도道를 행할 수 있는 지위地位에 나아갈 길이 없다.

그러므로 아버지는 아들에게 과거공부를 시키고 형은 아우에게 과거를 보도록 권장勸奬하여 과거 이외에는 다른 방법이 없으니, 선비들의 습관이 나빠지는 것은 오로지 이 때문이다.

다만 선비 된 자들은 대부분 부모의 바람과 가문家門의 영광榮光을 위하여 과거공부를 그만둘 수 없으나, 또한 마땅히 실력實力을 갈고닦으며 때를 기다려 급제及第와 낙방落榜은 천명天命에 맡길 것이요, 벼슬을 탐내고 조급躁急해하고 마음에 열을 내어 그 뜻을 손상損傷시키지 말아야 한다.

사람들이 "과거공부를 하느라 학문을 할 수 없다."고 말하는데, 이 또한 핑계 대는 말이지 성심誠心에서 나온 말이 아니다.

옛사람은 부모를 봉양하기 위해 몸소 밭을 갈아 농사를 지은 사람도 있었으며, 품팔이를 한 사람도 있었으며, 쌀을 등에 지고 나르는 일을 한 사람도 있었다. 몸소 밭을 갈고, 품팔이를 하고, 쌀을 등에 지고 나를 때에 고생이 심하였을 것이니, 어느 겨를에 글을 읽었겠는가? 오직 부모를 위하여 수고로운 일을 스스로 맡아 자식의 직분職分을 수행遂行하고 남은 여가餘暇에 글을 배웠어도 덕德에 나아갈 수 있었던 것이다.

오늘날 선비들은 옛사람들처럼 어버이를 위하여 수고로운 일을 맡아서 하는 자를 보지 못하겠고, 다만 과거공부 한 가지만이 어버이께서 바라는 것이라 하여 이에 매달린다.

그렇다면 과거공부가 성리학性理學과 같지는 않으나 역시 앉아서 책을 읽고 글을 짓는 것이어서 몸소 밭을 갈고 품팔이를 하고, 쌀을 져서 나르는 일보다 백 배 이상 편하며, 더구나 여가에 성리학에 대한 책도 읽을 수 있지 않은가?

다만 과거공부를 하는 사람들은 으레 과거에 합격하느냐 낙방하느냐에 동요되어 마음이 항상 조급하고 다투기 마련이어서, 차라리 육체肉體를 수고롭게 하는 것이 마음을 수양하는 공부에 방해되지 않는 것만 못하다. 그러므로 선현先賢의 말씀에 "과거공부가 학문에 방해되는 것이 걱정이 아니요, 오직 뜻을 빼앗길까 걱정된다."라고 하였다.

만약 과거공부를 하면서도 그 뜻을 지키는 마음을 빼앗기지 않는다면, 과거공부와 성리학 공부를 병행竝行해도 서로 어긋남이 없을 것이다. 지금 사람들은 명색名色은 과거공부를 한다고 하면서 실제로는 과거공부를 하지 않고, 명색은 성리학 공부를 한다고 하면서 실제로는 성리학 공부에 착수하지 않는다.

그러고는 과거공부를 하지 않는다고 책망責望하면 "나는 성리학 공부에 뜻을 두고 있어 과거공부에 전념專念할 수가 없다." 하고, 성리학 공부를 하지 않는다고 책망하면 "나는 과거공부에 매여서 성리학 공부에 힘쓸 수가 없다."고 한다.

그리하여 이처럼 양쪽으로 편리便利한 처지處地를 차지하여 하는 일 없이 하루하루 세월만 보내다가 마침내 과거공부와 성리학 공부 두 가지를 다 이루지 못하게 되니, 늙어서 후회한들 무슨 소용이 있겠는가? 아, 경계하지 않을 수 있겠는가?

사람들이 벼슬하기 전에는 오직 벼슬하는 것을 급하게 여기고, 벼슬한 뒤에는 또 벼슬을 잃을까 걱정한다. 이렇게 골몰汨沒하여 본심本心을 잃는 자가 많으니, 어찌 두렵지 않겠는가?

지위가 높은 사람은 도道를 행하는 것을 주장하니, 도를 행할 수 없으면 벼슬에서 물러나야 한다.

만일 집이 가난하여 녹봉祿俸을 받기 위해 벼슬할 경우에는 중앙의 내직內職을 사양하고 지방의 외직外職으로 나가며, 높은 자리를 사양하고 낮은 자리에 거하여 굶주림과 추위만 면하면 된다.

비록 녹봉을 받기 위한 벼슬이라 해도 청렴하고 부지런히 공무公務를 수행하여 직무職務를 다해야 할 것이요, 헛되이 지위만 차지하고 녹봉만 받으려고 해서는 안 된다.

전통문화연구회 도서목록

新編 基礎漢文教材·漢文讀解捷徑

- 新編 四字小學·推句 — 고전교육연구실 편역 11,000원
- 新編 啓蒙篇·童蒙先習 — 고전교육연구실 편역 11,000원
- 新編 明心寶鑑 — 이지곤·원주용 역주 15,000원
- 新編 擊蒙要訣 — 함현찬 역주 12,000원
- 新編 註解千字文 — 이충구 역주 12,000원
- 新編 原文으로 읽는 故事成語 — 원주용 편역 15,000원
- 新編 唐音註解選 — 권경상 역주 22,000원
- (개정판) 漢文독해기본패턴 — 이지곤 外 저 20,000원
- 한문독해첩경 文學篇 — 박상수·이화춘 外 저 17,000원
- 한문독해첩경 史學篇 — 박상수·이화춘 外 저 17,000원
- 한문독해첩경 哲學篇 — 박상수·이화춘 外 저 17,000원
- 논어독해 첫걸음 — 이지곤 外 저 17,000원
- 맹자독해 첫걸음 — 이지곤 外 저 17,000원

五書五經讀本

- 論語集註 上·下 — 정태현 역주 合 49,000원
- 孟子集註 上·下 — 전병수·김동주 역주 合 60,000원
- 大學·中庸集註 — 이광호·전병수 역주 15,000원
- 小學集註 上·下 — 이충구 外 역주 合 50,000원
- 詩經集傳 上·中·下 — 박소동 역주 合 90,000원
- 書經集傳 上·中·下 — 김동주 역주 合 90,000원
- 周易傳義 元·亨·利·貞 — 최영진 外 역주 合 120,000원
- 詳說 古文眞寶大全後集 上·下 — 이상하 外 역주 合 64,000원
- 春秋左氏傳 上·中·下 — 허호구 外 역주 合 109,000원
- 禮記 上·中·下 — 성백효 外 역주 合 90,000원

東洋古典國譯叢書

- 大學·中庸集註 - 개정증보판 — 성백효 역주 12,000원
- 論語集註 - 개정증보판 — 성백효 역주 30,000원
- 孟子集註 - 개정증보판 — 성백효 역주 30,000원
- 詩經集傳 上·下 — 성백효 역주 合 70,000원
- 書經集傳 上·下 — 성백효 역주 合 66,000원
- 周易傳義 上·下 — 성백효 역주 合 80,000원
- 小學集註 — 성백효 역주 32,000원
- 古文眞寶 後集 — 성백효 역주 32,000원

東洋古典譯註叢書

〈經部〉

十三經注疏

- 周易正義 1~4 — 성백효 外 역주 合 147,000원
- 尙書正義 1~7 — 김동주 역주 合 241,000원
- 毛詩正義 1~8 〔全15〕 — 박소동 外 역주 合 288,000원
- 禮記正義 1~3, 中庸·大學 〔全20〕 — 이광호 外 역주 合 117,000원
- 論語注疏 1~3 — 정태현 外 역주 合 117,000원
- 孟子注疏 1~5 — 최채기 外 역주 合 157,000원
- 孝經注疏 — 정태현 外 역주 35,000원
- 周禮注疏 1~4 〔全15〕 — 김용천 外 역주 合 132,000원
- 春秋左傳正義 1~2 〔全18〕 — 허호구 外 역주 合 59,000원
- 春秋公羊傳注疏 1 〔全7〕 — 송기채 外 역주 合 37,000원

- 春秋左氏傳 1~8 — 정태현 역주 合 262,000원
- 禮記集說大全 1~6 〔全10〕 — 신승운 外 역주 合 211,000원
- 東萊博議 1~5 — 정태현 外 역주 合 172,000원
- 韓詩外傳 1~2 — 허경진 外 역주 合 65,000원
- 說文解字注 1~6 〔全20〕 — 이충구 外 역주 合 207,000원

〈史部〉

- 思政殿訓義 資治通鑑綱目 1~23 〔全39〕 — 신승운 外 역주 合 719,000원
- 通鑑節要 1~9 — 성백효 역주 合 316,000원
- 唐陸宣公奏議 1~2 — 심경호 外 역주 合 88,000원
- 貞觀政要集論 1~4 — 이충구 外 역주 合 109,000원
- 列女傳補注 1~2 — 최병준 外 역주 合 68,000원
- 歷代君鑑 1~4 — 홍기은 外 역주 合 140,000원

〈子部〉

- 孔子家語 1~2 — 허경진 外 역주 合 79,000원
- 管子 1~4 〔全5〕 — 이석명 外 역주 合 130,000원
- 近思錄集解 1~3 — 성백효 역주 合 106,000원
- 老子道德經注 — 김시천 역주 45,000원
- 大學衍義 1~5 〔全7〕 — 신승운 外 역주 合 151,000원
- 墨子閒詁 1~7 — 이상하 外 역주 合 282,000원
- 說苑 1~2 — 허호구 역주 合 50,000원
- 世說新語補 1~5 — 김진옥 外 역주 合 181,000원
- 荀子集解 1~7 — 송기채 역주 合 247,000원
- 心經附註 — 성백효 역주 46,000원
- 顔氏家訓 1~2 — 정재서 外 역주 合 59,000원
- 揚子法言 1~2 — 박승주 역주 52,000원
- 列子鬳齋口義 — 최병준·공근식·권헌준 역주 40,000원

- 二程全書 1~7 〔全8〕 — 최석기 외 역주 合 253,000원
- 莊子 1~4 — 안병주·전호근 역주 合 143,000원
- 政經·牧民心鑑 — 홍기은·전백찬 역주 27,000원
- 韓非子集解 1~5 — 허호구 外 역주 合 202,000원
- 武經七書直解
  - 孫武子直解·吳子直解 — 성백효 外 역주 45,000원
  - 六韜直解·三略直解 — 성백효 外 역주 26,000원
  - 尉繚子直解·李衛公問對直解 — 성백효 外 역주 26,000원
  - 司馬法直解 — 성백효 外 역주 26,000원

〈集部〉

- 古文眞寶 前集 — 성백효 역주 30,000원
- 唐詩三百首 1~3 — 송재소 外 역주 合 127,000원
- 唐宋八大家文抄 韓愈 1~3 — 정태현 역주 合 78,000원
- 〃 柳宗元 1~2 — 송기채 역주 合 44,000원
- 〃 歐陽脩 1~7 — 이상하 外 合 220,000원
- 〃 王安石 1~2 — 신용호·허호구 역주 合 45,000원
- 〃 曾鞏 — 송기채 역주 25,000원
- 〃 蘇洵 — 이장우·노장시·장세후 역주 25,000원
- 〃 蘇軾 1~5 — 성백효 역주 合 110,000원
- 〃 蘇轍 1~3 — 김동주 역주 合 64,000원
- 明淸八大家文鈔 1 歸有光·方苞 — 이상하 外 역주 35,000원
- 〃 2 劉大櫆·姚鼐 — 이상하 外 역주 35,000원
- 〃 3 梅曾亮·曾國藩 — 이상하 外 역주 38,000원
- 〃 4 張裕釗·吳汝綸 — 이상하 外 역주 50,000원

東洋古典新譯

- 당시선 — 송재소·최경렬·김영죽 편역 24,000원
- 손자병법 — 성백효 역주 14,000원
- 장자 — 안병주·전호근·김형석 역주 15,000원
- 고문진보 후집 — 신용호 번역 28,000원
- 노자도덕경 — 김시천 역주 15,000원
- 고문진보 전집 上·下 — 신용호 번역 合 44,000원
- 신식 비문척독 — 박상수 번역 25,000원
- 쉽게 배우는 안씨가훈 — 김창진 편역 23,000원

문화문고

- 경전으로 본 세계종교 그리스도교 — 이정배 편저 10,000원
- 〃 도교 — 이강수 편역 13,000원
- 〃 천도교 — 윤석산 외 편저 10,000원
- 〃 힌두교 — 길희성 편역 10,000원
- 〃 유교 — 이기동 편저 10,000원
- 〃 불교 — 김용표 편저 22,000원
- 〃 이슬람 — 김영경 편역 13,000원
- 논어·대학·중용 — 조수익·박승주 공역 13,000원
- 맹자 — 조수익·박승주 공역 10,000원
- 소학 — 박승주·조수익 공역 10,000원
- 십구사략 1~2 — 정광호 저 合 24,000원
- 무경칠서 손자병법·오자병법 — 성백효 역 13,000원
- 〃 육도·삼략 — 성백효 역 10,000원
- 〃 사마법·울료자·이위공문대 — 성백효 역 10,000원
- 당시선 — 송재소·최경렬·김영죽 편역 10,000원
- 한문문법 — 이상진 저 20,000원
- 한자한문전통교재 — 조수익·이성민 공역 18,000원
- 士小節 선비 집안의 작은 예절 — 이동희 편역 13,000원
- 儒學이란 무엇인가 — 이동희 저 18,000원
- 동아시아의 유교와 전통문화 — 이동희 저 13,000원
- 현대인, 동양고전에서 길을 찾다 — 이동희 저 10,000원
- 100자에 담긴 한자문화 이야기 — 김경수 저 12,000원
- 우리 설화 1~2 — 김동주 편역 合 20,000원
- 대한민국 국무총리 — 이재원 저 10,000원
- 백운거사 이규보의 문학인생 — 신용호 저 14,000원

한자한문교육총서

- 수진본 기초한문교재 — 편집부 15,000원
- 수진본 논어·대학·중용 — 편집부 15,000원
- 수진본 맹자 — 편집부 15,000원
- 수진본 시경 — 편집부 15,000원
- 수진본 서경 — 편집부 15,000원
- 수진본 주역 — 편집부 15,000원
- 원문 논어집주 — 편집부 27,000원
- 원문 맹자집주 — 편집부 29,000원
- 원문 대학·중용장구 — 편집부 11,000원
- 임용전공어휘완전정복 - 고전산문편 — 원주용 外 저 25,000원
- 한문正譯 - 교과서 속의 단문 산문 한문 — 원주용 外 저 25,000원
- 알쏭달쏭한자 — 박상수 편저 25,000원